Das für dieses Buch verwendete FSC®-zertifizierte Papier *Hello Fat Matt 1,1* liefert Condat, Le Lardin Saint-Lazare, Frankreich.

## IMPRESSUM

1. Auflage
© 2013 Wilhelm Goldmann Verlag, München, in der Verlagsgruppe Random House GmbH
Konzeption, Rezepte und Texte: Cynthia Barcomi
Herausgeber: Ulf Meyer zu Kueingdorf
Umschlagfoto und Fotos Seite 1, 2/3, 5, 6, 12, 22, 32, 40, 52, 78, 90, 110, 132, 146, 159: Jackie Hardt
Umschlagfotos Rückseite und Food-Fotos: Maja Smend
Fotos Seite 50, 76: CB, MZK
Umschlaggestaltung, Art-Direction und Layout: Ulf Meyer zu Kueingdorf
Foodstyling: Diane Dittmer
Styling und Requisiten: Meike Stüber
Übersetzung: Lisa Shoemaker
Redaktion: Kerstin Uhl
Lithografie: Lorenz & Zeller, Inning a. A.
Druck und Bindung: Mohn Media GmbH, Gütersloh

Printed in Germany
ISBN 978-3-442-39242-1

www.mosaik-verlag.de

# INHALT

BAKE SOMEONE **Happy**     7

EVERYTHING ABOUT **Baking**     8

**Muffins**     12

**Scones & Biscuits**     22

**Waffles & Pancakes**     32

**Coffee Cakes**     40

HOME IS WHERE THE HEART IS. **Berlin**     50

**Breads & Bagels**     52

HOME IS WHERE YOU COME FROM. **New York**     76

**Cookies & Brownies**     78

**Pies & Variations**     90

**Cakes & Cheesecakes**     110

**Cupcakes & Whoopie Pies**     132

**Desserts**     146

REGISTER     156

# BAKE SOMEONE
# Happy

Ich liebe das Backen. Ich liebe es, seit ich laufen kann, ich liebte es schon, bevor ich sprechen gelernt habe. Heute erscheint es mir nur logisch, dass ich nach all den Jahren des Studiums und des professionellen Tanzens Karriere mit dem Backen gemacht habe. Ich lebe meine Berufung und bin damit zu meinen Wurzeln zurückgekehrt.

Nichts ist schöner, als morgens aufzuwachen, mir einen Kaffee zu kochen, meine E-Mails zu checken, dann eine Schürze umzubinden und mit dem Backen anzufangen. Für mich ist es der pure Luxus, im Pyjama zu backen, und ich wünschte jeder Tag könnte so beginnen. Ich kann es nicht erwarten, meine Familie und Freunde mit frischen, selbstgebackenen Leckereien zu überraschen. Das ganze Haus duftet dann nach dem, was ich gerade heiß dampfend aus dem Ofen geholt habe.

»Mmh, mein Gott, riecht das gut hier!« – das sagen die Leute immer als Erstes, wenn sie in unser Haus kommen. »Wow! Ich habe noch nie so etwas Köstliches gegessen. Bekomme ich noch ein Stück?« Begeisterung und Bewunderung – die Macht des Gebäcks! Aber auch ich kann nach 20 Jahren in der Gastronomie immer noch keinem frisch gebackenen Cookie, gebutterten Muffin oder einem Stück von meinem »Homemade« Cheesecake widerstehen. Und für einen Pie würde ich alles tun. Versuchen Sie unbedingt mal, Ihr eigenes Brot zu backen! Wenn man Teig für ein Hefebrot knetet, spürt man das Leben bis in die Fingerspitzen. Und wenn das fertige Brot aus dem Ofen kommt, sehen Sie in glückliche Gesichter – versprochen!

Meine Liebe zum Backen und mein Wunsch, jedes einzelne Plätzchen mit anderen zu teilen, inspiriert mich immer wieder, Bücher zu schreiben, Backkurse zu geben und morgens um 6 in der Küche zu stehen und zu backen, als ob es kein Morgen gäbe. Und jetzt hoffe ich, dass dieses Buch Sie inspiriert!

Also – let's bake!

*Cynthia*

# EVERYTHING ABOUT
# Baking

Die wichtigste Zutat beim erfolgreichen Backen – die Zutat, bei der man nicht mogeln kann – ist ein **GUTES REZEPT**. Ein zuverlässiges Rezept ist bis ins letzte Detail ausgearbeitet. Alles, was Sie tun müssen, ist, es genau so zu machen, wie es im Rezept steht – dann macht Backen Spaß, und das Ergebnis wird einfach wundervoll.

Backen ist wie ein Spiel. Und bei jedem Spiel gibt es **REGELN**, die es zu beachten gilt. Lesen Sie das Rezept von Anfang bis Ende gründlich durch, bevor Sie anfangen. Gehen Sie keine Abkürzungen, halten Sie sich an die Zutaten, und Sie sind auf dem richtigen Weg. Sie werden Cookies, Kuchen und Pies backen, die Sie noch nie besser gegessen haben! Es ist wie beim Malen nach Zahlen, jedes einzelne Detail zählt. Haben Sie die Zutaten nicht oder fehlt Ihnen die Backform in einer bestimmten Größe, dann wählen Sie lieber ein anderes Rezept.

Wenn ich neue Rezepte entwickle und immer wieder teste, bringe ich dabei meine ganze Erfahrung ein. In meine Bücher schaffen es nur die Rezepte, die gründlich von mir erarbeitet wurden und bei denen das Ergebnis geschmacklich und optisch optimal ist.

Ich mag Speisen, die sich aufs Wesentliche konzentrieren, ohne überflüssige Details. Meine Bücher enthalten Rezepte für Kuchen, Frostings und Buttercreme, und Sie können sie auf vielfältige Weise kombinieren. **Übertreiben Sie es aber nicht**, Muffins brauchen zum Beispiel kein Frosting, das wäre zuviel des Guten. Bei jedem Rezept Schokolade einzusetzen mag theoretisch gut klingen, aber praktisch wird das Gebäck dadurch oft zu schwer. Seien Sie besonnen. Amerikanisches Backen ist nämlich unkompliziert, gradlinig und köstlich.

**Sie brauchen sofort ein Erfolgserlebnis?** Dann backen Sie Cookies, Scones oder Muffins. Cheesecakes oder Pies brauchen einfach mehr Zeit. Wenn Sie Kalorien zählen (macht das etwa jemand?), essen Sie einfach eine kleinere Portion. Auf **gar keinen Fall** sollten Sie ein fettreduziertes Light-Produkt beim Backen einsetzen, und Zucker gehört genau so viel dazu, wie im Rezept steht. Vertrauen Sie mir. Alles, was Sie mit einem fettarmen Produkt backen, liefert Ihnen ein verwässertes Ergebnis, und wenn Sie Zuckerersatz verwenden, erhalten Sie ein unbefriedigendes Gebäck mit wenig Geschmack.

Über die Jahre habe ich viel gebacken, viele Backwaren gegessen und viele Fragen beantworten können. Hier die wichtigsten davon:

### Was sind die besten Materialien für Backformen? Kann ich Backformgrößen ersetzen?

Ich backe am liebsten mit **Aluminium**, weil es die Hitze schnell und gleichmäßig leitet, nicht rostet und einfach zu reinigen ist. Außerdem hält es ein Leben lang. Gute Backformen aus Alu gibt es im Fachhandel und im Internet bei www.cynthiabarcomi.com.

Bei Backformen mit Anithaftbeschichtung kann die Oberfläche abblättern, Formen mit Schwarzbeschichtung werden zu schnell heiß, das Gebäck ist von außen braun, aber innen nicht durchgebacken.

Silikon eignet sich auch nicht zum Backen, weil dessen Oberfläche die Hitze nicht leitet und die Backform nicht lange hält.

Was die Größe der Backform betrifft, so spielt 1 cm mehr oder weniger keine Rolle. Wenn es sich allerdings um mehr als 1 cm handelt, ist es besser, ein anderes Rezept auszuwählen, für das Sie die passende Form zur Hand haben. Oder Sie backen einfach etwas, das keine Backform braucht, wie Cookies, Scones, Biscuits oder ein Crostata.

**Was mache ich, wenn das Gebäck im Ofen zu dunkel wird, obwohl es laut Rezept noch länger backen sollte?**
Verwenden Sie **keine** Alufolie. Sie atmet nicht und dämpft das Gebäck, und das wollen wir bestimmt **nicht**. Am besten decken Sie das Gebäck mit einem Stück Küchenpapier ab, so kann es atmen und weiterbacken ohne nachzudunkeln.

**Weitere wichtige Tipps zum Gelingen und die Ofeneinstellung**
**MUFFINS:** Übertreiben Sie es nicht mit dem Rühren und Mischen des Teigs. Einen Muffinteig rührt man nicht an wie Farbe. Rühren Sie den Teig so wenig wie möglich und nie mit der Maschine, sondern immer von Hand mit einem Holzlöffel oder Teigschaber! Ein paar Fleckchen sichtbares Mehl sind richtig.
**Ofeneinstellung:** Unterhitze oder Umluft. Muffins brauchen einen heißen Ofen!

**SCONES & BISCUITS:** Vergewissern Sie sich, dass die Butter oder das Pflanzenfett wirklich kalt sind (aus dem Kühlschrank!). Kneten Sie den Teig nicht übermäßig. Arbeiten Sie zügig mit Ihren Fingerspitzen.
**Ofeneinstellung:** Unterhitze oder Umluft. Scones & Biscuits lieben es, wie die Muffins, wenn der Ofen heiß ist!

**PANCAKES & WAFFELN:** Für Pancakes die Pfanne erhitzen, bis Wassertropfen in der Pfanne zischen. Butter oder einen dünnen Film Öl in die Pfanne geben und anschließend den Teig hineingießen. Warten Sie, bis sich Bläschen an der Oberfläche bilden, erst dann wenden. Die Pancakes nicht mehr als **einmal** wenden, sonst werden sie zäh. Waffeln sind perfekt, wenn sie keinen Dampf mehr abgeben.

**BROTE:** Die besten Teige für Brot sind oft relativ weich, was den Umgang mit ihnen nicht einfach macht. Besorgen Sie sich einen Teigschaber aus Metall oder Kunststoff (im guten Küchengeschäft). Kneten Sie den Teig mit der Hand, und benutzen Sie den Teigschaber, um den Teig immer wieder von der Arbeitsplatte und Ihren Händen zu lösen. Widerstehen Sie der Versuchung, mehr Mehl hinzuzufügen. Sie können den Teig auch ausschließlich mit der Küchenmaschine oder dem Handmixer kneten. Ein weicher Teig lässt die Hefe gut gehen und gibt Ihrem Endprodukt eine lockere, wunderbare Konsistenz und einen großartigen Geschmack.
**Ofeneinstellung:** Umluft. Brot braucht eine kräftige Hitze mit hohen Temperaturen, um eine schöne Kruste zu entwickeln. In einer perfekten Welt würden Sie Brot auf erhitzten Steinen backen. Der Teig mag die direkte Hitze, dadurch wird das Brot so schön knusprig und lecker. Ich habe mir Terrakottafliesen zurechtschneiden lassen, so dass sie auf ein Backrost passen, um einen Steinofen zu simulieren. Das hat perfekt geklappt und schmeckt herrlich! Achtung: Wenn Sie Brot mit einem höheren Zuckeranteil backen, kann es bei großer Hitze leicht anbrennen. Einfach nach der Hälfte der Zeit nachsehen und das Brot eventuell mit einem Stück Küchenpapier abdecken, wenn es zu dunkel wird.

**COOKIES & BROWNIES:** Cookies sind easy. Bei Brownies müssen Sie beachten: Geben Sie niemals die Eier zur geschmolzenen Schokolade, solange sie noch heiß ist, sonst werden die Brownies pappig. Die

Schokolade darf aber auch nicht zu kalt sein, sonst wird sie zu fest. 20 bis 30 Minuten Abkühlung sollten reichen.
**Ofeneinstellung:** Unterhitze oder Umluft.

**PIES & VARIATIONS:** Das Fett und die flüssigen Zutaten müssen wirklich kalt sein. Den Teig dürfen Sie nicht übermäßig kneten, sonst schmilzt die Butter – Butterfleckchen im Teig sind besonders wünschenswert, denn dadurch wird er leicht und blättrig. Den Teig vor dem Ausrollen in Frischhaltefolie im Kühlschrank für mindestens 1 Stunde kalt stellen. Teig klebt an Teig, daher bitte immer die Arbeitsfläche, das Nudelholz und die Hände leicht mit Mehl bestäuben.
**Ofeneinstellung:** Umluft. Pies brauchen anfangs richtig hohe Temperaturen, damit der Teig sich setzen kann. Die Temperatur wird dann alle 15 bis 20 Minuten reduziert. Nach 20 Minuten Backzeit sollten Sie den Pie genau beobachten. Wird er zu dunkel, decken Sie ihn mit einem Stück Küchenpapier ab, und backen Sie nach der empfohlenen Zeitvorgabe weiter.

**CAKES:** Stärke reduziert den Glutengehalt feiner Kuchen und verleiht einem Biskuitteig eine delikate und raffinierte Konsistenz. Amerikanische Kuchen (mit Ausnahme der Coffee Cakes) bestehen oft aus mehreren Schichten Biskuitteig mit Füllungen, Frostings oder Buttercreme. Achten Sie darauf, dass die Oberfläche des Biskuitteigs eben ist, damit sie sich beim Bestreichen nicht verbiegt und bricht.
**Ofeneinstellung:** Umluft oder Unterhitze. Der Kuchen soll aufgehen und leicht werden.

**FROSTINGS UND BUTTERCREME:** Ein Frosting muss gut geschlagen werden, damit es leicht und luftig wird. Dazu brauchen Sie eine Küchenmaschine oder einen Handmixer. Zur Herstellung einer guten Buttercreme benötigen Sie ein Thermometer. Sie muss ganz präzise nach Rezept gemacht werden.

**CHEESECAKES:** Alle Cheesecakes aus diesem Buch werden im Wasserbad gebacken. Klingt kompliziert, ist aber ganz einfach. Das Wasserbad wirkt wie eine Sauna für den Kuchen, es schützt ihn vor dem Austrocknen, verhindert, dass er reißt, und sorgt für diese berühmte Cremigkeit. Niemand mag trockenen Käsekuchen! Umwickeln Sie die Backform mit zwei großzügig über Kreuz gelegten Bahnen Alufolie. Setzen Sie die Form auf ein Backblech, und gießen Sie kochendes Wasser in das Blech. Wenn Ihr Backblech sehr flach ist, prüfen Sie alle 20 Minuten, ob noch genügend Wasser auf dem Blech ist. Gießen Sie, wenn nötig, nach.
**Ofeneinstellung:** Unterhitze im unteren Drittel des Ofens (die Ofendecke reflektiert die Hitze). Die Oberfläche sollte keine Farbe annehmen und auf keinen Fall reißen.

## So backen Sie erfolgreich

Lesen Sie das Rezept **ganz** durch. Verwenden Sie eine **zuverlässige** Waage, und wiegen Sie die Zutaten **genau** ab, bevor Sie beginnen. Konzentrieren Sie sich **erst auf die Zutaten** und **dann auf den Backprozess**. Vertrauen Sie immer meinem Rezept. Lernen Sie Ihren Ofen kennen. Manche Öfen sind schneller als andere. Besorgen Sie sich ein **zuverlässiges** Backofenthermometer, damit Sie wissen, wie heiß Ihr Ofen **wirklich** ist.

**Backen soll Spaß machen, denn ein glücklicher Bäcker erzeugt köstliches Gebäck.**

★ ★ ★ Bevor es jetzt losgeht, hier ein kleines **Extra** für Sie: VANILLEEXTRAKT. Das geht ganz leicht, macht Spaß, lässt sich prima verschenken und schmeckt unendlich viel besser als alles, was man kaufen kann:

# Vanilla

Vanilleextrakt

Ich bin mit purem, flüssigem Vanilleextrakt aufgewachsen und liebte den Geschmack so sehr, dass ich es einmal direkt aus dem Messlöffel trank. Na ja, damals war ich drei, aber ich war neugierig. Übrigens: Trinken Sie niemals reines Vanilleextrakt … Sie würden keine Freude daran haben. Aber zum Backen und Verschenken ist es perfekt!

Für 250 ml Extrakt

- 1 Vanilleschote Ihrer Wahl (gönnen Sie sich ruhig etwas besonders Exotisches, falls Sie fündig werden)
- 250 ml Wodka oder ein anderer 40%iger Alkohol (Rum ist auch nicht schlecht!)
- 1 Glas mit Schraubverschluss oder eine Flasche

❶ Die Vanilleschote in zwei oder drei Stücke scheiden und in der Flasche oder dem Glas mit Wodka übergießen. Die Stücke müssen dabei komplett mit der Flüssigkeit bedeckt sein.

❷ Schütteln Sie das Glas oder die Flasche zweimal wöchentlich, und lächeln Sie dabei. Sie haben soeben etwas ganz Besonderes vollbracht. Vor Gebrauch mindestens zwei Wochen stehen lassen, damit der Geschmack Zeit hat, sich zu entfalten. Das Extrakt hält sich ewig und kann jederzeit mit ein wenig Alkohol und weiteren Vanille- schoten aufgefüllt werden.

# Muffins

Muffins sind die nackte Wahrheit – sie brauchen kein Besteck, keinen Teller und ganz bestimmt keine Dekoration. Hier finden Sie ganz neue Rezepte – süß und herzhaft. Alle Muffins sind schnell gemacht, schmecken lecker und lassen sich gut überallhin mitnehmen. Enjoy!

# Blueberry Banana Muffins

## Blaubeer-Bananen-Muffins

Für 12 Muffins

125 g Butter, weich
125 g Zucker
2 Eier
125 ml Buttermilch
abgeriebene Schale von
　1 unbehandelten Zitrone

1 Banane, reif
　(ca. 150 ml Bananenpüree)

320 g Mehl
½ TL Natron
2½ TL Backpulver
¼ TL Salz
¼ TL Zimt

200 g Blaubeeren, frisch
　oder aufgetaut und
　abgetropft

❶ Ofen auf 190 °C vorheizen. Eine 12er-Muffinform ausbuttern. Die Butter mit dem Zucker cremig rühren. Wenn Sie eine KitchenAid oder einen anderen Standmixer benutzen, verwenden Sie den Flachrührer. Ein Handmixer tut's aber auch.

❷ Fügen Sie die Eier hinzu, und schlagen Sie so lange weiter, bis alles gut verrührt ist. Geben Sie dann die Buttermilch und danach die Zitronenschale dazu.

❸ Die Banane mit einer Gabel pürieren. Achtung: Es dürfen keine Stücke im Bananenpüree sein. Dann kommt die pürierte Banane zu den flüssigen Zutaten.

❹ Mehl, Natron, Backpulver, Salz, und Zimt gut miteinander mischen.

❺ Nun mit einem Holzlöffel oder Teigschaber den Teig zusammenmischen. Verwenden Sie zu diesem Zweck niemals den Handmixer oder Schneebesen! Die Mehl-Backpulver- Mischung unter die flüssigen Zutaten mischen, so dass sie sich gerade so verbinden, dann die Blaubeeren hinzugeben und unterrühren. Nicht zu stark rühren – ein paar unverrührte Mehlnester sind ein gutes Zeichen.

❻ Den Teig auf die Muffinförmchen verteilen und etwa 18 Minuten backen. Mit einem Metallspieß oder Zahnstocher den Gartest machen.

# Dried Cranberry Streusel Muffins

Streuselmuffins mit getrockneten Cranberries, Pekannüssen, Ingwer und Orange

Für 12 Muffins

Streusel:
30 g Mehl
30 g Zucker
1 Prise Salz
¼ TL Zimt
30 g Butter, kalt
 in Würfel geschnitten
35 g Pekan- oder Walnüsse,
 fein gehackt

Muffins:
100 g Zucker
220 g Mehl
2 TL Backpulver
½ TL Natron
½ TL Salz
½ TL Zimt

abgeriebene Schale von
 1 unbehandelten Orange
2 Eier
200 g Naturjoghurt
60 g zerlassene Butter
1 TL Vanilleextrakt

75 g getrocknete Cranberries,
 im Saft einer Orange
 eingeweicht (ca. 50 ml)
60 g Pekannüsse,
 grob zerbröselt
35 g kandierter Ingwer,
 fein gehackt

❶ Ofen auf 190 °C vorheizen. Eine 12er-Muffinform ausbuttern. Die Zutaten für die Streusel mischen, dabei die Butter mit den Fingerspitzen einarbeiten.

❷ In einer großen Schüssel Zucker, Mehl, Backpulver, Natron, Salz und Zimt mischen. In einem Messbecher Orangenschale, Eier, Joghurt, zerlassene Butter und Vanilleextrakt verquirlen.

❸ Die flüssigen Zutaten mit einem Holzlöffel oder Teigschaber zu der Mehl-Backpulver-Mischung geben und nur leicht mischen. Cranberries, Nüsse und Ingwer dazugeben.

❹ Den Teig gleichmäßig auf die Muffinförmchen verteilen, mit den Streuseln bestreuen und etwa 17 Minuten backen. Mit einem Metallspieß oder Zahnstocher den Gartest machen.

# Bircher Müsli Muffins

Bircher-Müsli-Muffins

Ich liebe Bircher Müsli. Aber ich möchte mich nicht immer hinsetzen müssen, um zu essen – die Zeit ist schließlich knapp. Außerdem isst sich Bircher Müsli schlecht beim Autofahren, in der vollen U-Bahn oder beim Herumsitzen im Wartezimmer. Einen Muffin kann ich überall essen!

### Für 12 Muffins

- 200 g Vollkornmehl
- 2 TL Backpulver
- ½ TL Natron
- ¼ TL Salz

- 100 g gefrorene Beeren, aufgetaut und abgetropft
- 1 Apfel, geschält und geraspelt
- 2 EL Ahornsirup
- 250 ml Joghurt
- 125 g Müsli

- 75 g Rohrohrzucker
- 100 ml Pflanzenöl, z.B. Sonnenblumenöl
- 2 Eier
- 80 ml Vollmilch

❶ Ofen auf 190 °C vorheizen. Eine 12er-Muffinform ausbuttern.

❷ Mehl, Backpulver, Natron und Salz vermengen. Beeren, Apfelraspel, Ahornsirup, Joghurt und Müsli in eine große Schüssel geben und vorsichtig mischen.

❸ In einer weiteren Schüssel den Rohrohrzucker mit dem Pflanzenöl aufschlagen. Die Eier dazugeben, dann die Milch. Mit einem Schneebesen alles gründlich verschlagen.

❹ Die Mehl-Backpulver-Mischung hinzufügen und mit einem Holzlöffel oder Teigschaber ganz leicht mischen. Die Beeren-Müsli-Mischung hinzufügen und grob unterrühren.

❺ Den Teig gleichmäßig auf die Muffinförmchen verteilen. Etwa 21 Minuten backen. Mit einem Metallspieß oder Zahnstocher den Gartest machen.

# Chocolate Orange Muffins

## Schokolade-Orangen-Muffins

**Für 12 Muffins**

- 120 g Zartbitterschokolade
- 75 g getrocknete Aprikosen

- 390 g Mehl
- 1½ TL Backpulver
- ½ TL Natron
- ½ TL Salz

- 65 g brauner Zucker*
- 65 g weißer Zucker
- 125 ml Pflanzenöl
- 1 Ei
- 125 ml Orangensaft
- 125 ml Buttermilch
- abgeriebene Schale von 1 unbehandelten Orange

*Ich nehme am liebsten Muscovado-Zucker, denn er hat ein wunderbares Aroma.

Nicht alle Ehen halten ewig, und nicht alle sind im Himmel gemacht, aber es gibt nicht wenige, die gut funktionieren: Salz und Pfeffer, Öl und Essig, Äpfel und Zimt, Schokolade und Orange.

❶ Ofen auf 190 °C vorheizen. Eine 12er-Muffinform ausbuttern. Die Schokolade und die getrockneten Aprikosen grob hacken.

❷ In einer großen Schüssel Mehl, Backpulver, Natron und Salz mischen. In einer zweiten Schüssel beide Zuckersorten zunächst mit dem Öl, dann mit dem Ei, dem Orangensaft und der Buttermilch verschlagen. Anschließend die Orangenschale dazugeben.

❸ Mit einem Holzlöffel oder Teigschaber die flüssigen Zutaten zur Mehl-Backpulver-Mischung geben und nur leicht mischen. Nun die Schokolade und die Aprikosen dazugeben.

❹ Den Teig gleichmäßig auf die Muffinförmchen verteilen und etwa 18 Minuten backen. Mit einem Metallspieß oder Zahnstocher den Gartest machen. Auf einem Gitter 10 Minuten abkühlen lassen, ehe Sie die Muffins aus der Form nehmen.

# Corn Dogs

## Mini-Corndogs mit Mais und Käse

Jeder, der sie einmal probiert hat, liebt Corndogs. Und wer schätzt nicht schmackhafte Kleinigkeiten, die schnell und einfach zuzubereiten sind? Bei Ihrem nächsten Brunch oder der nächsten Party können Sie mit Corndogs zur Küchenheldin werden.

### Für 32 Mini-Corndogs

- 130 g Mehl
- 150 g Polenta
- 1½ TL Backpulver
- ¼ TL Natron
- 40 g Zucker
- 1¼ TL Salz

- 50 g zerlassene Butter
- 2 Eier
- 200 ml Buttermilch

- 75 g Cheddar-Käse, grob geraspelt
- 75 g Mais, entweder gefroren und aufgetaut oder aus der Dose, abgetropft

- 4–6 (Bio-)Würstchen, ca. 17 cm lang

❶ Ofen auf 195 °C vorheizen. Die Mini-Muffin-Form ausbuttern.

❷ In einer großen Schüssel Mehl, Polenta, Backpulver, Natron, Zucker und Salz abmessen und mischen. In einem Messbecher zerlassene Butter, Eier und Buttermilch verschlagen. In einer dritten Schüssel den geriebenen Käse und den Mais mischen. Die Würstchen in 2,5 cm lange Stücke schneiden.

❸ Mit einem Holzlöffel oder Teigschaber die flüssigen Zutaten zur Mehl-Backpulver-Mischung geben und nur leicht mischen. Vorsichtig die Mais-Käse-Mischung unterheben.

❹ Etwa einen Esslöffel Teig in jede Muffinmulde geben. Darauf ein Stückchen Wurst mittig platzieren und dabei sanft hineindrücken, bis es fast ganz vom Teig bedeckt ist. Etwa 14 Minuten backen, bis die Corndogs goldbraun sind. Auf einem Gitter 10 Minuten abkühlen lassen, ehe Sie sie aus der Form nehmen.

# Pea, Goat Cheese & Herb Muffins

## Ziegenkäsemuffins mit Erbsen und Kräutern

Diese Muffins sind wie ein Spaziergang auf einer Frühlingswiese voller Wildkräuter, kurz nach einem Regenschauer. Herzhafte Muffins sind eine seltene Spezies, Kombinationen wie Schinken und Käse sind einfach nicht zu schlagen.

**Für 12 Muffins**

- 275 g Mehl
- 1 EL Backpulver
- 25 g Zucker
- ¾ TL Salz

- 60 g Butter
- 2 Eier
- 200 ml Milch

- 125 g weicher Ziegen(frisch)käse
- 100 Kochschinken, gewürfelt, nach Belieben
- 175 g Erbsen, frisch oder gefroren und aufgetaut
- 1 oder 2 Frühlingszwiebeln, gehackt, mitsamt den grünen Anteilen
- 2 EL frischer Estragon, frische Minze und/oder Petersilie

❶ Ofen auf 190 °C vorheizen. Eine 12er-Muffinform ausbuttern.

❷ Mehl, Backpulver, Zucker und Salz in einer großen Schüssel vermengen. Die Butter zerlassen und dann mit der Milch und den Eiern verschlagen. In einer weiteren Schüssel Käse, gewürfelten Schinken, Erbsen, Frühlingszwiebeln und Kräuter mischen.

❸ Mit einem Holzlöffel oder Teigschaber die flüssigen Zutaten zu den trockenen Zutaten geben und nur leicht mischen. Die Erbsen-Käse-Mischung in die Masse geben und nur so lange mischen, dass alles vermischt ist.

❹ Den Teig gleichmäßig auf die Muffinförmchen verteilen und etwa 20 Minuten backen, bis die Muffins goldfarben sind. Mit einem Metallspieß oder Zahnstocher den Gartest machen.

# George Washington Muffins

### Kirsch-Polenta-Muffins

Im Alter von sechs Jahren fällte George Washington den Lieblingskirschbaum seines Vaters. Sein Vater tobte. In dem Augenblick kam Klein-George zur Tür herein. Er sagte: »Vater, ich war's!« Der Vater meinte zu George: »Mein Sohn, dass du dich nicht scheust, die Wahrheit zu sagen, ist mir mehr wert als 1000 Bäume!«

Für 12 Muffins

- 170 g Mehl
- 180 g Polenta
- 1½ TL Backpulver
- ½ TL Natron
- ½ TL Salz
- 2 EL Rohr- oder brauner Zucker

- 80 ml Orangensaft
- 100 ml Buttermilch
- 50 ml Ahornsirup
- 1 Ei
- 60 g zerlassene Butter
- 1 TL abgeriebene Orangenschale

- 225 g frische oder gefrorene Kirschen, entsteint und abgetropft

❶ Ofen auf 200 °C vorheizen. Eine 12er-Muffinform ausbuttern.

❷ Mehl und Polenta, Backpulver, Natron, Salz und Zucker mischen. Orangensaft, Buttermilch, Ahornsirup, Ei und zerlassene Butter sowie die abgeriebene Orangenschale miteinander verrühren.

❸ Mit einem Holzlöffel oder Teigschaber die flüssigen Zutaten zu den trockenen Zutaten geben und nur leicht mischen. Die Kirschen hinzufügen.

❹ Den Teig gleichmäßig auf die Muffinform verteilen und ca. 20 Minuten backen. Mit einem Metallspieß oder Zahnstocher den Gartest machen.

# Scones & Biscuits

Ich liebe die Vielseitigkeit von Scones und amerikanischen Biscuits, die gesamte Fülle der möglichen Zutaten und unterschiedlichen Formen. Sie lassen sich ausstechen, schneiden oder ausrollen, sind klein oder groß und können mit oder ohne Butter, Marmelade oder Honig genossen werden. Nichts auf der Welt kann sich mit einem warmen Scone oder Biscuit messen.

Arbeiten Sie zügig, vergewissern Sie sich, dass die Butter richtig kalt ist, und Sie haben einen Freund fürs Leben gefunden. Freunde kann man nie genug haben!

# Classic Baking Powder Biscuits

## Amerikanische Scones

Das ist ein Rezept wie eine gute, weiße Bluse: einfach, subtil und passt doch zu allem! Nehmen Sie etwas weniger Zucker, geben Sie ein paar Kräuter dazu, und schon haben Sie ein Gebäck, das eine Suppe oder einen Salat perfekt ergänzt. Machen Sie's etwas süßer, schmoren Sie ein paar Erdbeeren, und schon können Sie es als Strawberry Shortcake genießen. Sie können auch Schnecken aus dem Teig formen: Wählen Sie eine süße oder eine herzhafte Füllung, rollen Sie den Teig auf – und schwupp … schon sind sie fertig!

### Für etwa 12 Scones

225 g Mehl
95 g Speisestärke
2 TL Backpulver
1–2 EL Zucker
1 TL Salz

150 g Pflanzenfett*, Butter, Schmalz oder eine Mischung aus zweien, kalt, in Würfel geschnitten
200 ml Vollmilch oder Sahne, kalt

### Süße Füllung:
1 EL Butter, weich
2 EL Zucker
1 TL Zimt

### Herzhafte Füllung:
1 EL Butter, weich
1 Handvoll Käse (Parmesan oder Cheddar), gerieben
frische Kräuter, fein gehackt, z.B. Schnittlauch, Estragon, Thymian

---

❶ Ofen auf 220 °C vorheizen. Ein Backblech mit Backpapier auslegen.

❷ Mehl, Stärke, Backpulver, Zucker und Salz in einer großen Schüssel verrühren. Das kalte Pflanzenfett mit den Fingerspitzen ins Mehl einarbeiten, bis alles grob krümelig ist. Die kalte Sahne oder Milch dazugießen und rühren, bis ein Teig zusammenkommt. Er wird etwas klebrig sein – aber keine Sorge!

❸ Den Teig auf eine leicht bemehlte Arbeitsfläche legen und mit den Handflächen oder einem Nudelholz auf 1,5 cm Dicke ausrollen.

*Pflanzenfett oder Schmalz macht die Biscuits ganz besonders blättrig

❹ **Für ausgestochene Biscuits**: Nehmen Sie ein Glas oder eine Ausstechform, um den Teig auszustechen. Versuchen Sie, die einzelnen Stücke möglichst eng auszustechen, damit Sie den Teig nicht mehrmals ausrollen müssen, wodurch dessen leichte Textur leiden würde. Die Biscuits auf das Backblech legen.

**Für Schnecken:** Bereiten Sie eine der beiden Füllungen vor. Den Teig auf 1,5 cm Dicke ausrollen oder mit den Handflächen auf eine Breite von 25 cm und eine Tiefe von 20 cm zurechtdrücken. Die Längsseiten sollten parallel zu Ihnen liegen. Den Teig mit Butter bestreichen. Die Füllung auf dem Teig verteilen und diesen locker aufrollen. Die Rolle in etwa 2 cm dicke Scheiben schneiden und diese auf das Backblech legen.

❺ Bei Umluft oder Unterhitze etwa 15 Minuten backen, bis die Biscuits oder Schnecken goldbraun sind.

# Date & Bacon Scones

## Scones mit Datteln und Speck

In meinem zweiten Buch habe ich diese unwiderstehlichen Medjol-Datteln schon in Pancetta gehüllt. Ich liebe die ein wenig dekadente Kombination aus salzig und süß so sehr, dass ich es einfach noch mal versuchen musste.
Wie ein neues Gemälde, das einen Baum zu einer anderen Jahreszeit zeigt
… noch immer sehr schön!

Für 8 große oder
12 kleine Scones

200 g Frühstücksspeck, in feine Streifen geschnitten

280 g Mehl
75 g Zucker
1½ TL Backpulver
¾ TL Natron
½ TL Salz

125 g Datteln (am besten Medjol), entsteint und grob gehackt
125 g kalte Butter, in Würfel geschnitten
165 ml Buttermilch
ca. 3 EL Rohrohr- oder Demerarazucker

❶ Ofen auf 200 °C vorheizen. Ein Backblech mit Backpapier auslegen. Den Speck in einer großen Pfanne bei mittlerer Hitze unter gelegentlichem Wenden so lange braten, dass er zwar durch, aber noch nicht knusprig ist. Zum Abtropfen auf Küchenpapier legen und abkühlen lassen.

❷ Mehl, Zucker, Backpulver, Natron und Salz in einer großen Schüssel mischen. Den abgekühlten Speck und die gehackten Datteln zugeben. Untermischen, damit die Bröckchen schön bemehlt sind. Die kalte Butter mit den Fingerspitzen ins Mehl einarbeiten, bis alles grob krümelig ist. Dann die kalte Buttermilch dazugeben und nur so lange unterrühren, bis ein Teig zusammenkommt.

❸ Den Teig auf eine leicht bemehlte Arbeitsfläche legen und zu einer Scheibe von etwa 20 cm Durchmesser formen. Die Scheibe in 8 Stücke schneiden (wie einen Kuchen) und auf das Backblech legen. Jedes Stück mit Rohrohrzucker besprenkeln und die Kristalle in den Teig drücken.

❹ Die Scones 16–18 Minuten backen, bis sie goldbraun sind. Warm oder bei Zimmertemperatur servieren.

# Scones with Apricots

## Scones mit Aprikosen

Für 8 kleine oder 12 große Scones

300 g Mehl
50 g Zucker
1½ TL Backpulver
¾ TL Natron
½ TL Salz
abgeriebene Schale von 1 unbehandelten Orange

125 g getrocknete Aprikosen, grob gehackt
50 g Pekannüsse
100 g weiße Schokolade, grob gehackt
125 g Butter, kalt, in Würfel geschnitten

150 ml Buttermilch
1 Ei

etwa 3 EL Rohrohr- oder Demerarazucker

❶ Ofen auf 200 °C vorheizen. Das Backblech mit Backpapier auslegen.

❷ Mehl, Zucker, Backpulver, Natron, Salz und abgeriebene Orangenschale in einer großen Schüssel mischen. Aprikosen, Nüsse und Schokolade dazugeben. Untermischen, damit die Bröckchen rundum bemehlt sind. Die kalte Butter mit den Fingerspitzen ins Mehl einarbeiten, bis alles grob krümelig ist.

❸ Die kalte Buttermilch mit dem Ei verschlagen, zu den trockenen Zutaten geben und nur leicht mischen.

❹ Den Teig auf eine leicht bemehlte Arbeitsfläche legen und zu einer Scheibe von etwa 20 cm Durchmesser formen. Den Teig in 8 Stücke schneiden (wie einen Kuchen) und diese auf das Backblech legen. Jedes Stück mit dem Rohrohrzucker besprenkeln und die Kristalle in den Teig drücken.

❺ Die Scones 16–18 Minuten backen, bis sie goldbraun sind. Warm oder bei Zimmertemperatur servieren.

# Buttermilk Biscuits

Amerikanische Scones mit Buttermilch

Die beste Freundin meiner Großmutter Mimi, Clementine, war eine sehr vornehme Dame aus den Südstaaten, die uns jeden Sonntagmorgen diese Biscuits mitbrachte.
Mimi sorgte dafür, dass immer Lavendelhonig und weiche Butter im Haus waren. So lernte ich bereits in ganz jungen Jahren, wie der Himmel schmeckt.

Für etwa 8 Scones

200 g Mehl
80 g Speisestärke
2 TL Backpulver
½ TL Natron
½ TL Salz
1 EL Zucker

125 g richtig kalte Butter, in 1 cm große Würfel geschnitten
160 ml Buttermilch

Eine herzhafte Version
*nur 1 TL Zucker, zusätzlich: 200 g Käse, gerieben und ein paar fein gehackte Kräuter

❶ Ofen auf 220 °C vorheizen. Ein Backblech mit Backpapier auslegen.

❷ Mehl, Stärke, Backpulver, Natron, Salz und Zucker in einer großen Schüssel verrühren*. Die kalte Butter mit den Fingerspitzen ins Mehl einarbeiten, bis alles grob krümelig ist. Die kalte Buttermilch hinzufügen und rühren, bis ein Teig zusammenkommt. Er wird etwas klebrig sein – aber keine Sorge!

❸ Den Teig auf eine leicht bemehlte Arbeitsfläche geben und mit den Handflächen oder einem Nudelholz 1,5 cm dick ausrollen. Den Teig mit einem Glas oder einer Ausstechform ausstechen und auf das Backblech legen. Versuchen Sie, die einzelnen Stücke möglichst eng auszustechen, damit Sie den Teig nicht mehrmals ausrollen müssen.

❹ 10–12 Minuten backen, bis sie goldbraun sind.

# Cream Cheese Biscuits

Herzhaftes Gebäck mit Frischkäse und Kräutern

Mit Frischkäse können Sie alles machen, und ein herzhafter Biscuit ist keine Ausnahme. Der Teig ist zwar ziemlich weich und feucht, doch keine Sorge! Genau das macht diese Brötchen zum perfekten Gebäck. Er ist so leicht und luftig mit blättrigen Schichten, Sie müssen nur versprechen, den Teig nicht zu sehr zu bearbeiten!

Für 12 Biscuits

375 g Mehl
1½ TL Backpulver
¼ TL Natron
1 TL Salz
1 EL Zucker

125 g Butter, kalt, gewürfelt
175 g Frischkäse
300 ml Buttermilch

1 Handvoll Kräuter Ihrer Wahl
 – z.B. Estragon,
 Schnittlauch oder
 Basilikum

❶ Ofen auf 220 °C vorheizen. Ein Backblech mit Backpapier auslegen.

❷ Mehl, Backpulver, Natron, Salz und Zucker in einer großen Schüssel mischen. Die kalte Butter und den Frischkäse mit den Fingerspitzen ins Mehl einarbeiten, bis alles grob krümelig ist. Die kalte Buttermilch dazugeben und nur so lange mischen, bis ein Teig zusammenkommt. Der Teig wird klebrig sein. Bearbeiten Sie ihn nicht zu lange!

❸ Diese Brötchen machen wir nach der Blätterteigmethode: Legen Sie den Teig auf eine leicht bemehlte Arbeitsfläche, und rollen Sie ihn etwa 1 cm dick aus. Oder bringen Sie ihn einfach mit den Handflächen auf 1 cm Dicke. Sie sollten dann ein Rechteck von etwa 25 x 20 cm vor sich haben. Falten Sie den Teig in Drittel (wie einen DIN-A4-Brief). Drehen Sie den Teig um eine Vierteldrehung, rollen Sie ihn abermals aus, und wiederholen Sie den Vorgang. Wickeln Sie den Teig in Frischhaltefolie, und legen Sie ihn zum Auskühlen und Ruhen 30 Minuten in den Kühlschrank.

❹ Wiederholen Sie Schritt ❸ Den Teig ausrollen, wie einen DIN-A4-Brief falten, um eine Vierteldrehung drehen und den Vorgang wiederholen. Dann 15 Minuten kühlen.

❺ Nun den Teig wieder zu einem Rechteck von 25 x 20 cm ausrollen und in 12 Quadrate schneiden. Sie erhalten 3 x 4 Quadrate von jeweils 5 cm Seitenlänge. Auf das Backblech legen.

❻ Bei Umluft oder Unterhitze 15–18 Minuten backen, bis die Biscuits goldbraun sind.

# Waffles & Pancakes

Wer hätte je gedacht, dass Pfannkuchen und Waffeln unsere Küche erobern würden – am Frühstückstisch, beim Mittagessen oder zum Abendbrot!

Die folgenden Rezepte reichen von traditionell über gesund bis hin zu mondän im New York Style. Ob Sie die Waffeln und Pfannkuchen nun mit Ahornsirup, Früchtesirup oder nur leicht bestäubt mit Puderzucker bevorzugen – Sie haben die Wahl …

# Apple Oatmeal Pancakes

## Apfel-Haferflocken-Pfannkuchen

Diese Pancakes schmecken richtig gesund. Der Teig ist ein bisschen dicker als üblich, was für ein Vergnügen!

**Für 12 Pfannkuchen**

300 ml Buttermilch
55 g zarte Haferflocken

70 g Mehl
70 g Vollkornmehl
1 TL Natron
½ TL Salz
1 TL Zimt

1 Ei, leicht verschlagen
2 EL Muscovado-Zucker
30 g zerlassene Butter
1 Granny-Smith-Apfel, geschält, gerieben und den Saft ausgepresst

Öl und/oder zerlassene Butter zum Braten
Ahornsirup zum Servieren

❶ In einer Schüssel die Hälfte der Buttermilch mit den Haferflocken mischen und 15 Minuten quellen lassen. In einer zweiten Schüssel beide Mehlsorten, Natron, Salz und Zimt mischen.

❷ In einer großen Schüssel Ei mit Muscovado-Zucker, restlicher Buttermilch und Butter verquirlen, dann den geriebenen Apfel dazugeben. Anschließend die trockenen Zutaten und die Haferflockenmischung unterrühren.

❸ Pfanne über mittlerer Flamme erhitzen, bis Wassertropfen in der Pfanne zischen. Mit Öl und/oder Butter bepinseln und den Teig esslöffelweise in die Pfanne tropfen lassen. Pancakes auf beiden Seiten braten, bis sie goldfarben und durch sind. Mit Ahornsirup servieren.

Zum Warmhalten legen Sie die Pfannkuchen nebeneinander auf einer Servierplatte in den kaum angewärmten Ofen, und bedecken Sie sie mit einem Geschirrtuch. So trocknen die Pfannkuchen nicht aus, noch bedampfen sie sich gegenseitig.

# Blueberry Cornmeal Pancakes

Blaubeer-Polenta-Pfannkuchen

Für 12 Pfannkuchen

145 g Mehl
140 g Polenta
2 EL Zucker
2 TL Backpulver
½ TL Natron
½ TL Salz

500 ml Buttermilch
45 g zerlassene Butter, leicht abgekühlt
abgeriebene Schale von ½ Zitrone
1 Ei

500 g Blaubeeren, frisch oder aufgetaut und abgetropft
Butter und Ahornsirup zum Servieren

❶ Mehl, Polenta, Zucker, Backpulver, Natron und Salz miteinander vermengen. In einem Messbecher Buttermilch, Butter, Zitronenschale und Ei verquirlen. Mit einem Holzlöffel oder Teigschaber die flüssigen Zutaten unter die trockenen Zutaten rühren. Ein paar Klümpchen sollten ruhig übrig bleiben. Die Blaubeeren kann man entweder schon jetzt behutsam unter den Teig heben oder beim Braten über die Pfannkuchen streuen (1 EL pro Pancake).

❷ Pfanne erhitzen, bis Wassertropfen in der Pfanne zischen, mit Öl und/oder Butter bepinseln. Den Teig mit einem großen Löffel oder einer Kelle in die Pfanne geben. Versuchen Sie, die Pancakes gleich groß hinzubekommen, und sie sollten sich nicht berühren!

❸ Braten, bis die Oberfläche der Pancakes mit Bläschen gesprenkelt ist, dann wenden und weiterbraten, bis die andere Seite hellbraun ist. Nicht ständig wenden, sonst verlieren die Pfannkuchen ihre leichte Konsistenz. Weitermachen, bis der Teig aufgebraucht ist. Mit Butter und Ahornsirup servieren.

Zum Warmhalten legen Sie die Pfannkuchen nebeneinander auf einer Servierplatte in den kaum angewärmten Ofen, und bedecken Sie sie mit einem Geschirrtuch. So trocknen die Pfannkuchen nicht aus, noch bedampfen sie sich gegenseitig.

# Ricotta Lemon Pancakes

Ricotta-Zitronen-Pfannkuchen

Für 15 Pfannkuchen, ca. 10 cm ø

3 Eier, getrennt

2 EL Zucker
abgeriebene Schale von
　1 unbehandelten Zitrone

100 g Mehl
2 TL Backpulver
¼ TL Salz

1 Prise Salz und
1 EL Zucker für das Eiweiß

250 g Ricotta, mit
125 ml Vollmilch gemischt

zerlassene Butter zum
　Einpinseln der Pfanne
Ahornsirup oder
　geschmorte Früchte
　(siehe fruchtige Soße für
　Polenta-Waffeln, S. 38)

❶ In einer Schüssel Eigelb, Zucker und Zitronenschale verqirlen. In einer anderen Schüssel Mehl mit Backpulver und Salz mischen. Mit einem Holzlöffel oder Teigschaber die trockenen Zutaten unter die flüssigen Zutaten rühren, bis gerade so ein Teig zusammenkommt.

❷ In einer fettfreien Schüssel, mit Salz und Essig ausgewischt (**nicht** nachgespült) mit einem elektrischen Mixer Eiweiß verschlagen. Kurz bevor sich steife Spitzen bilden, den Zucker hineinschlagen. Ein Viertel des Eiweiß unter die Ricotta-Milch-Mischung rühren, um die Masse aufzulockern. Erst die Ricottamasse, dann das restliche Eiweiß unter den Teig heben.

❸ Pfanne erhitzen, bis Wassertropfen in der Pfanne zischen, mit Öl und/oder Butter bepinseln. Den Teig mit einem großen Löffel oder einer Kelle in die Pfanne geben. Braten, bis die Oberfläche der Pancakes mit Bläschen gesprenkelt ist, dann wenden und weiterbraten, bis die andere Seite hellbraun ist. Nicht ständig wenden, sonst verlieren die Pfannkuchen ihre leichte Konsistenz.

Zum Warmhalten legen Sie die Pfannkuchen nebeneinander auf einer Servierplatte in den kaum angewärmten Ofen, und bedecken Sie sie mit einem Geschirrtuch. So trocknen die Pfannkuchen nicht aus und bedampfen sich nicht gegenseitig.

# Buttermilk Nut Waffles

## Buttermilch-Nuss-Waffeln

Für 12 Waffeln

3 Eier, getrennt

375 ml Buttermilch
1 TL Vanilleextrakt
200 ml saure Sahne
280 g Mehl
50 g Zucker
1 TL Backpulver
1 TL Natron
1 Prise Salz

100 g buttrige Nüsse, gehackt, z.B. Pekannüsse oder Macadamianüsse

Vor vielen Jahren übernachtete ich in einem fabelhaften Bed and Breakfast an der Küste von New Jersey. Ich hatte noch keine Kinder und hielt Ausschlafen und ein ausgedehntes Frühstück für mein gottgegebenes Recht. Dem ist schon lange nicht mehr so!
Ich bat die Wirtin um das Rezept dieser wundervollen Waffeln. Wenn Sie also Appetit auf Waffeln verspüren (Zeit brauchen Sie nicht, der Teig ist schnell zusammengemixt), dann zaubern Sie sie einfach nach diesem Rezept herbei. Die Nüsse machen diese Waffeln zu etwas ganz Besonderem.

❶ In einer mittelgroßen Schüssel die Eiweiß steif schlagen und beiseitestellen. In einer großen Schüssel die restlichen Zutaten miteinander verquirlen. Eiweiß unterheben.

❷ Teig in ein heißes, gefettetes Waffeleisen gießen. Backen, bis es nicht mehr dampft. Waffeln mit frischen Früchten, Ahornsirup und/oder Schlagsahne servieren.

# Cornmeal Waffles with Fruity Sauce

Polenta-Waffeln mit fruchtiger Sauce

»Polenta« klingt für mich immer so italienisch, aber diese Waffeln sind ganz amerikanisch, genauso wie Cornbread Muffins oder Corn Dogs!
Ich liebe den Geschmack, die Farbe und vor allem – die tolle Konsistenz der Waffeln.
Zusammen mit dem warmen Obst, so dürfte jeder Tag anfangen!

Für 12 Waffeln

200 g Crème fraîche oder saure Sahne
30 g Puderzucker

Fruchtige Sauce:
500 g Aprikosen, geviertelt
65 g Zucker
2 TL Zitronensaft
1 Prise Salz

250 g Kirschen, entsteint oder ganze gefrorene Kirschen

175 g Mehl
135 g Polenta
40 g Zucker
4 TL Backpulver
1 TL Salz

2 Eier
350 ml Buttermilch
½ TL Vanilleextrakt

5 EL Pflanzenöl
75 g zerlassene Butter

❶ In einer kleinen Schüssel Crème fraîche oder saure Sahne mit dem Puderzucker verquirlen und in den Kühlschrank stellen.

❷ Die Sauce: Aprikosen mit Zucker, 2 EL Wasser, Zitronensaft und Salz in einen mittelgroßen Topf geben. Zudecken und bei mittlerer Hitze unter gelegentlichem Rühren köcheln, bis die Aprikosen weich sind. Kirschen einrühren.

❸ Mehl, Polenta, Zucker, Backpulver und Salz in einer großen Schüssel mischen. Eier, Buttermilch und Vanille in einem Messbecher verquirlen. Mit einem Holzlöffel oder Teigschaber die trockenen Zutaten unter die flüssigen Zutaten rühren, bis gerade so ein Teig zusammen- kommt. Öl und Butter dazugeben und glatt rühren.

❹ Waffeleisen aufheizen (am besten sind die im belgischen Stil mit den tiefen Löchern, worin sich mehr Sirup und Fruchtsauce auffangen lässt!). Mit der Kelle Teig ins Waffeleisen geben. Backen, bis die Waffeln nicht mehr dampfen und goldbraun sind.

❺ Waffeln auf eine Servierplatte legen und mit einem Geschirrtuch bedeckt bei 100 °C in den Ofen stellen, damit sie warm bleiben, während Sie den Rest zubereiten. Mit der Fruchtsauce und der gesüßten Crème fraîche warm oder bei Zimmertemperatur servieren.

# Coffee Cakes

Um ganz ehrlich zu sein: Coffee Cakes enthalten überhaupt keinen Kaffee! Sie schmecken besonders denjenigen, die fruchtige, nussige, köstliche Kuchen lieben. Coffee Cakes heißen sie, weil sie zum Kaffee (oder Tee) bzw. in der Kaffeepause gegessen werden.

Und wahrscheinlich würde auch ein Scotch gut dazu passen (kleiner Scherz).

# Blueberry Lemon Coffee Cake

## Blaubeer-Zitronen-Coffee-Cake

Ein Coffee Cake gleicht einem Gemälde – und die Zutaten entsprechen den Farbpigmenten. Walnüsse, Zimt und (reichlich) Butter haben etwas sehr Beruhigendes; deswegen liebe ich die Kombination. Sie schmeckt nach Heimat und Geborgenheit. Dieser Kuchen allerdings mit den Blaubeeren und der Zitrone ähnelt eher einer Landpartie – einem perfekten Picknick ohne Ameisen!

Für eine Backform, 26 cm ø

275 g Mehl
2 TL Backpulver
1 TL Natron
¾ TL Salz

150 g Zucker
125 g weiche Butter
1 Ei
1 TL Vanilleextrakt

200 ml Buttermilch
abgeriebene Schale von
 1 unbehandelten Zitrone

200 g Blaubeeren, frisch
 oder aufgetaut und
 abgetropft

Streusel:
125 g Butter
50 g Mehl
100 g Zucker
1½ TL Zimt
100 g Pekannüsse, gehackt
1 Prise Salz

❶ Ofen auf 175 °C vorheizen. Eine Backform von 25 cm Durchmesser einbuttern.

❷ Mehl, Backpulver, Natron und Salz in einer mittelgroßen Schüssel vermengen.

❸ Zucker mit Butter in einer großen Schüssel verschlagen, bis die Masse leicht und cremig ist. Ei und Vanilleextrakt untermischen. Buttermilch und Zitronenschale zugeben. Mit einem Holzlöffel oder Teigschaber die trockenen Zutaten unterrühren, nur so lange rühren, bis gerade so ein Teig zusammenkommt. Zuletzt die Blaubeeren mit wenigen Umdrehungen zügig in den Teig mischen.

❹ Den Teig in der vorbereiteten Backform verteilen. Achten Sie darauf, dass die Blaubeeren möglichst nicht den Rand der Backform berühren. Die Streusel-Zutaten in einer Rührschüssel vermengen, die kalte Butter mit den Fingerspitzen einarbeiten, bis grobe Streusel entstehen. Großzügig mit den Streuseln bestreuen.

❺ Insgesamt etwa 55 Minuten backen. Nach 30 Minuten die Farbe prüfen. Wenn sie ein wenig dunkel erscheint, den Kuchen für die restlichen 25 Minuten mit Küchenpapier bedecken. Mit einem Metallspieß oder Zahnstocher den Gartest machen. In der Backform auf einem Kuchengitter auskühlen lassen.

# Coffee Cake
# with Cinnamon & Walnuts

Coffee Cake mit Zimt und Walnüssen

Für 1 viereckige Backform, 23 x 23 cm

Streusel:
165 g Butter
70 g Mehl
100 g Muscovado-Zucker
50 g weißer Zucker
1½ TL Zimt
100 g Walnüsse, gehackt
1 Prise Salz

Teig:
380 g Mehl
3 TL Backpulver
¾ TL Salz

250 g Zucker
200 g weiche Butter
2 Eigelb
1 TL Vanilleextrakt
240 ml Milch

2 Eiweiß, geschlagen

❶ Ofen auf 175 °C vorheizen. Eine 23 cm x 23 cm große Backform einbuttern. Die Zutaten für die Streusel mischen.

❷ Mehl, Backpulver und Salz in eine mittelgroße Schüssel geben.

❸ Zucker und Butter in einer großen Schüssel verschlagen, bis die Masse leicht und luftig ist. Die Eigelbe und die Vanille dazugeben. Mit einem Holzlöffel oder Teigschaber abwechselnd Milch und trockene Zutaten untermischen.

❹ Die Eiweiß schlagen, bis sie steif, aber nicht trocken sind. Ein Drittel der Eiweißmasse in den Teig mischen, um ihn aufzulockern. Den Rest der Eiweißmasse unterheben, ohne dass der Teig zusammenfällt.

❺ Insgesamt etwa 55 Minuten backen. Nach 30 Minuten die Farbe prüfen. Wenn sie ein wenig dunkel erscheint, den Kuchen für die restlichen 25 Minuten mit Küchenpapier bedecken. Mit einem Metallspieß oder Zahnstocher den Gartest machen. In der Backform auf einem Kuchengitter auskühlen lassen.

# Cherry Almond Coffee Cake

## Kirsch-Mandel-Coffee-Cake

Für 1 rechteckige Backform, 24 x 32 cm

325 g Mehl
1¼ TL Backpulver
1¼ TL Natron
½ TL Salz

175 g Zucker
150 g Butter, Zimmertemperatur
100 g Marzipan, zerkrümelt
2 Eier
1 TL Vanilleextrakt
200 g saure Sahne
100 ml Milch

Kirschfüllung:
420 g entkernte Kirschen, frisch oder aufgetaut und abgetropft, mit ein wenig Saft (nicht mehr als 4 EL)
100 g Zucker
2 EL und 1 TL Speisestärke
1 Prise Salz
75 g Mandelplättchen

❶ Ofen auf 175 °C vorheizen. Eine 24 x 32 cm große Backform einbuttern.

❷ Mehl, Backpulver, Natron und Salz in einer mittelgroßen Schüssel mischen. Zucker und Butter verschlagen, bis die Masse cremig ist. Marzipan, Eier und Vanille dazugeben. Die Hälfte der Mehl-Mischung in die Buttermischung mischen. Saure Sahne und Milch unterrühren, dann die restliche Mehl-Backpulver-Mischung dazugeben.

❸ Alle Zutaten für die Kirschfüllung in einen Topf geben und langsam unter ständigem Rühren zum Kochen bringen. Eine Minute kochen lassen, bis die Sauce anfängt dick zu werden. Kurz abkühlen lassen.

❹ Verteilen Sie zwei Drittel des Teiges in der vorbereiteten Backform. Die Kirschfüllung gleichmäßig über dem Teig verteilen – dabei darauf achten, dass der Teig am Rand frei bleibt. Den restlichen Teig darauf verteilen. Mit einem Löffelrücken den Teig vorsichtig über der Füllung verstreichen. Mit Mandeln bestreuen. Etwa 50 Minuten backen, Gartest machen.

❺ Nach 30 Minuten die Farbe prüfen: Ist sie zu dunkel, den Kuchen mit Küchenpapier bedecken. In der Backform auf dem Gitter auskühlen lassen.

# Pear or Apple Coffee Cake with Honey Glaze

## Birnen- oder Apfelkuchen mit Honigglasur

Für all diejenigen, die für ihr Leben gern mit Honig backen.
Hier ist das ultimative Rezept für Sie. Lassen Sie es sich schmecken,
es ist wahrhaft köstlich. Backen Sie jemanden glücklich!

Für 1 großen Coffee Cake, ca. 30 cm ø

Teig:
- 100 ml warmes Wasser
- 100 ml Milch (darf kalt sein)
- 3 EL Olivenöl
- 1 EL Honig
- abgeriebene Schale von 1 unbehandelten Orange
- 275 g Mehl
- 7 g Trockenhefe (oder 21 g frische Hefe)
- 1 TL Salz
- 50 g kernige Haferflocken

Glasur:
- 75 g Zucker
- 45 ml Milch
- 45 g Butter
- 90 g Honig
- 40 g Pekan- oder Walnüsse, fein gehackt

Polenta (für das Backblech)

etwa 4 Birnen oder Äpfel, geschält und in 5 mm dicke Scheiben geschnitten

❶ Warmes Wasser, Milch, Olivenöl, Honig und Orangenschale verrühren. Mehl, Hefe, Salz und Haferflocken mischen. Die flüssigen Zutaten mit dem Holzlöffel oder Teigschaber abwechselnd zu den trockenen Zutaten geben, mit einer Küchenmaschine oder einem Handmixer mit Knethaken 3 Minuten kneten. Dieser Teig ist recht weich und klebrig. Das ist richtig so, nehmen Sie nicht mehr Mehl – dadurch würde der Teig pappig. Auf eine leicht bemehlte Arbeitsfläche geben und mehrere Minuten von Hand kneten. Der Teig bleibt so weich und klebrig.

❷ Etwa ½ TL Olivenöl in die Rührschüssel geben, den Teig darin wenden, damit er rundum mit Öl bedeckt ist, mit einem feuchten Küchenhandtuch abdecken und für eine Stunde in Ruhe lassen, bis er sein Volumen verdoppelt hat.

❸ Alle Zutaten für die Honigglasur in einen Topf geben und 3 Minuten kochen. In eine Metallschüssel umfüllen, damit sie abkühlt und ein wenig eindickt. Ofen auf 205 °C vorheizen. Ein Backblech mit Polenta bestäuben.

❹ Nach einer Stunde den Teig vorsichtig niederboxen. Auf einer leicht bemehlten Arbeitsfläche ein wenig kneten. Den Teig anschließend direkt auf dem Backblech zu einem ca. 1 cm dicken Kreis von ca. 30 cm Durchmesser ausbreiten. Sollte der Teig etwas zu klebrig sein, bemehlen Sie Ihre Hände, aber kneten Sie nicht noch mehr Mehl in den Teig.

❺ Formen Sie einen Rand, indem Sie rundum einen flachen Graben in den Teig drücken. Dieser verhindert, dass der Saft der Glasur aufs Backblech rinnt. Die Obstscheiben hübsch auf dem Teig arrangieren. Die Glasur über das Obst löffeln, dabei aber mindestens 2 cm Abstand vom Rand halten.

❻ 15 Minuten bei 205° C backen, dann nach der Farbe sehen. Evtl. mit Küchenpapier abdecken und weitere 10 Minuten bei 195° C backen. Aus dem Ofen nehmen, wenn der Kuchen goldfarben ist. Auf einem Gitter auskühlen lassen.

# Apple Cinnamon Coffee Cake

## Apfel-Zimt-Coffee-Cake

Ich glaube, jede kulinarische Kultur hat ein besonderes Apfelgebäck. Die Franzosen haben ihre Tarte Tatin, die Deutschen den gedeckten Apfelkuchen. Wir Amerikaner haben den Apple Pie und …Zimt-Coffee-Cake. Schon der Name Coffee Cake deutet darauf hin, dass er auch mitten am Tag gegessen werden kann.
Er ist weder zu süß noch zu schwer. Wenn Sie ihn ein bisschen aufmotzen wollen, glasieren Sie ihn einfach und servieren ihn mit Schlagsahne.

Für 1 rechteckige
Backform, 24 x 32 cm

Teig:
280 g Mehl
1 TL Natron
1 TL Zimt
½ TL Salz
125 g Butter, weich
125 g brauner Zucker*
125 g weißer Zucker
2 Eier
1 TL Vanille-Extrakt
200 g saure Sahne
2 Äpfel, Pfirsiche oder Birnen, geschält, entkernt und grob gehackt

Topping:
75 g Muscovado-Zucker
75 g Mehl
1 TL Zimt
125 g Butter, weich
50 g kernige Haferflocken

Braune Zuckerglasur:
80 g Muscovado-Zucker
½ TL Vanilleextrakt
2 EL Wasser

❶ Den Ofen auf 175 °C vorheizen. Eine 24 cm x 32 cm große Backform leicht ausbuttern.

❷ Mehl, Natron, Zimt und Salz vermischen. Die Butter in einer großen Rührschüssel mit beiden Zuckersorten cremig schlagen, bis die Masse leicht und fluffig ist. Nacheinander die beiden Eier dazugeben, dabei nach jeder Zugabe das Ei in die Masse schlagen, gefolgt von der Vanille. Abwechselnd die Mehl-Backpulver-Mischung und die saure Sahne untermischen. Die Äpfel unterheben. Den Teig in die Backform füllen, darauf achten, dass er bis zu den Rändern verteilt wird.

❸ Um das Topping herzustellen, vermischen Sie in einer Schüssel Zucker, Mehl, Zimt, Butter und Haferflocken, bis die Masse grob krümelig ist. Über den Teig streuen und backen, bis der Kuchen goldbraun und durch ist, etwa 40–50 Minuten. Aus dem Ofen nehmen und auf einem Gitter 10 Minuten abkühlen lassen.

❹ Während der Kuchen abkühlt, machen Sie die Glasur: In einem kleinen Topf rühren Sie dazu Zucker, Vanille und Wasser glatt und erhitzen die Mischung. Zwei Minuten kochen lassen, anschließend über den Kuchen träufeln.

# HOME IS WHERE THE HEART IS, Berlin

Home is where the heart is,
und mein Herz ist in Berlin. Hier lebe
ich schon länger als an jedem anderen Ort auf
Erden. Ich fühle mich hier zuhause, habe aber meine
Wurzeln nicht verloren. Nein, ich gehe nicht mehr bei Rot über
die Straße und erwarte nicht, dass sich Supermarktkassiererinnen
auf einen Plausch einlassen. Aber ich habe noch immer Heißhunger auf
Erdnussbutter mit Schokolade.
Es ist meine Esskultur, die mich erdet. Je länger ich hier lebe, koche und backe,
desto mehr wird mir bewusst, woher ich komme und wo ich jetzt lebe. Für mich dreht
sich in Berlin alles um die Sinne. Als ich hierher zog, war das Backen meine Rettung. Es
bot mir einen Ort, wo ich mich verwöhnen und »heimgehen« durfte, ohne die vier Wände
meiner winzigen Kreuzberger Wohnung zu verlassen.
Backen wurde zu dem, was ich mit anderen teilen konnte. Wer schnell Freunde gewinnen
möchte, sollte einfach für andere backen! Und genau das tue ich, seit ich meinen ersten
Laden 1994 in Berlin eröffnete. Dabei nutze ich mein sensorisches Gedächtnis: Der New
York Cheesecake erinnert mich an die Cheesecakes der Marke Sara Lee, die ich um 3 Uhr
morgens im Studentenwohnheim an der Columbia University gegessen habe. Der Carrot
Cake ist genau so, wie ich ihn in Greenwich Village während eines unerlaubten Ausflugs
aus dem Internat gegessen hatte.
Das sind alles Erinnerungen, die ich nutze, um das, was ich gern esse, neu
zu erschaffen. Nostalgie, die ich auf meine eigene Art aus der Erinnerung
verfeinere. Aber damit nicht genug, mir fallen immer wieder neue Rezepte
ein: Kombinationen, die ich noch nirgends entdeckt habe, wie meinen
Brownie Marmor Cheesecake oder Cupcakes mit frischer Ananas.
Wenn New York die Erinnerung ist, dann ist Berlin auf jeden
Fall meine Bühne des Lebens. Und auf dieser Bühne
habe ich die Rezepte für dieses Buch
entwickelt.

# Breads & Bagels

Brot ist das Grundnahrungsmittel überhaupt. Menschen backen seit tausenden von Jahren Brot. Damals war jeder sein eigener Bäcker, denn jeder wusste, wie man's macht. Heute haben Sie mich und meine Brotrezepte.

    Haben Sie keine Angst vor Hefe! Ich zeige Ihnen, wie es geht, damit Sie bald der beste Brotbäcker sind, den Sie kennen.

# Baguette

Baguette

Baguette gehört zu den Dingen, die das Leben verändern. Es selbst zu backen gleicht einer Erleuchtung! Wir haben bereits allerlei Brote gemeinsam gebacken: Kartoffelbrot, Challah, Brioche – und jetzt sind wir, sind Sie, beim Baguette angekommen. Befolgen Sie das Rezept, als ginge es um Leben und Tod:
Wenn Sie also keine Zeit haben, mehrmals am Tag nach dem Teig zu sehen, versuchen Sie es erst gar nicht. Es ist nicht viel Arbeit, aber … Sie müssen sich um den Teig kümmern.
Ein glücklicher Teig = ein köstliches Brot = ein stolzer Bäcker.
Machen Sie einen Poolish, eine Art Vorteig, lassen Sie ihn einige Stunden gehen, und backen Sie dann das Brot. Der höhere Feuchtigkeitsanteil (also ein unerhört klebriger Teig) ergibt einen Laib, der größere Löcher und eine traumhafte Kruste hat – ein bisschen dicker eben und schön chewy.

Für 1 Baguette und
1 runden Brotlaib
oder für 2 Baguettes

Vorteig/Poolish:
50 g Vollkornmehl
(verleiht einen leicht
nussigen Geschmack)
oder Roggenmehl (ergibt
eine Nuance von Sauerteig)
150 ml Wasser, warm
1 g Trockenhefe
oder 3 g frische Hefe

Teig:
2 g Trockenhefe
oder 6 g frische Hefe
150 ml Wasser
11 g Salz
375 g Mehl, Type 550

Die Zutaten für den Vorteig werden gemischt. Lassen Sie den Vorteig ruhen. Drei Möglichkeiten:

- Bei 32 °C 30 Minuten im Gärschrank (oder bei entsprechender Ofeneinstellung)
- **oder** 2 bis 3 Stunden bei Zimmertemperatur auf dem Küchentresen
- **oder** 30 Minuten auf der Arbeitsfläche und dann über Nacht im Kühlschrank.

❶ Wasser und Hefe für den Hauptteig mischen, bevor Sie sie zum gegangenen Poolish geben. Als Nächstes folgen Salz und Mehl. Etwa 2 Minuten lang kneten. Den Teig 15 Minuten ruhen lassen, ehe Sie weitermachen.

❷ Jetzt den Teig 5 bis 7 Minuten gut durchkneten (entweder von Hand oder in einer Küchenmaschine mit Knethaken). Der Teig wird ein wenig klebrig sein (je klebriger der Teig, desto schöner werden die Kruste und die Textur des Brotes!). Fügen Sie kein zusätzliches Mehl hinzu. Verwenden Sie einen Metallspachtel – er hilft Ihnen beim Kneten und verhindert, dass der Teig kleben bleibt.

❸ Legen Sie den Teig zurück in die Schüssel, decken Sie ihn mit einem feuchten Geschirrtuch ab und lassen Sie ihn an einem warmen Ort etwa 45 Minuten gehen.

❹ Heben Sie den Teig vorsichtig aus der Schüssel. Bringen Sie den

Fortsetzung Seite 56

Fortsetzung von Seite 54

Teig mit so wenig Mehl wie möglich in die Form eines DIN-A4-Blattes, falten Sie ihn mit Hilfe des Metallspachtels wie einen Brief, wenden Sie ihn und falten Sie ihn zu einem noch kleineren Brief. Dann legen Sie ihn zurück in die Schüssel, decken ihn mit einem feuchten Geschirrtuch ab und lassen ihn nochmals 45 Minuten gehen.

❺ Wiederholen Sie den Vorgang, und lassen Sie den Teig nochmals 30 Minuten gehen.

❻ Nehmen Sie den Teig aus der Schüssel und halbieren Sie ihn. Lassen Sie den Teig unter einem trockenen Geschirrtuch 10 Minuten ruhen.

❼ **Für ein Baguette**: Formen Sie ein Rechteck von etwa 28 x 10 cm und legen Sie es längs vor sich hin. Falten Sie den Teig in Drittel, und drücken Sie zum Versiegeln die Enden aufeinander.

**Für eine Boule (einen runden Laib):** Nehmen Sie den Teig, runden Sie ihn mit den Händen zu einer Halbkugel, ziehen Sie den Rand hoch über die Kugel und pressen Sie die Enden zusammen. Dies dient dazu, eine Spannung auf der Oberfläche des Laibes aufzubauen. Legen Sie den fertigen Laib auf ein mit Polenta bestäubtes Backblech. Mit einem trockenen Geschirrtuch bedecken und vor dem Backen 30 Minuten ruhen lassen.

❽ Ofen auf 210 °C vorheizen. Eine kleine, feuerfeste Form auf den Boden des Ofens stellen.

❾ Unmittelbar vor dem Backen schneiden Sie mit einer scharfen Klinge Kerben ins Brot. Beim Baguette gefallen mir diagonale Kerben am besten, bei einem runden Laib eher Kerben im Uhrzeigermuster. Jetzt in die heiße Form auf dem Boden des Ofens Wasser oder Eiswürfel einfüllen (um während des Backens für Dampf zu sorgen – durch Dampf entsteht eine knusprige Kruste!) und sofort die Laibe in den Ofen geben. Schnell die Ofentür schließen und das Brot 10 Minuten lang backen. Temperatur auf 190 °C reduzieren und nochmals 8–10 Minuten backen, je nach der Form des Brotes.

❿ Prüfen Sie, ob das Brot durch ist, indem Sie auf dessen Unterseite klopfen. Klingt es hohl, ist das Brot fertig. Aus dem Ofen nehmen und auf einem Gitter 15 Minuten abkühlen lassen.

①

②

③

④

# Rye Bread

## Roggenbrot für Paul & Oshi

Amerikanisches »Rye« ist ein Roggen-Weizen-Mischbrot und enthält immer ganzen Kümmel. Es wird mit einem Vorteig (Poolish) angesetzt (siehe Baguette-Rezept), das dem Brot einen wunderbaren Sauerteiggeschmack verleiht. Sie können das Brot frei geformt oder in einer Kastenform backen. Auch kleine Brötchen sind himmlisch!

Für 2 Laibe à 900 g

Vorteig (Poolish):
180 g Roggenmehl, Type 1150
325 ml Wasser
2 g Trockenhefe

Teig:
Vorteig (etwa 500 g)
200 g Roggenmehl, Type 1150
580 g Weizenmehl, Type 550
12 g Trockenhefe
   oder 36 g frische Hefe
40 g Zucker
15 g Kümmel, ganz
20 g Salz
325 ml Wasser
3 EL Pflanzenöl
1 EL Pflanzenöl für die
   Schüssel
Polenta (zum Bestäuben
   des Backblechs)

❶ **Vorteig:** In einer großen Schüssel alle Zutaten mischen und 1–2 Stunden oder über Nacht in den Kühlschrank stellen!

❷ **Teig:** Roggen- und Weizenmehl, Hefe, Zucker, Kümmel und Salz abwiegen und gut mischen. Wasser mit Öl verschlagen, beiseitestellen. Mehlmischung zum Vorteig geben, gefolgt von der Öl-Wasser-Mischung. Mit einer Küchenmaschine oder einem Handmixer mit Knethaken 4 Minuten kneten.

Üben Sie sich in Geduld. Dieser Teig ist recht weich. Fügen Sie nicht mehr Mehl hinzu!

❸ Teig auf einer leicht bemehlten Arbeitsfläche von Hand einige Minuten kneten. Er wird recht weich bleiben. Zur Kugel formen, in eine gefettete Schüssel geben und wenden, damit die Oberfläche gut mit Öl überzogen ist. Mit einem feuchten Geschirrtuch bedecken und gehen lassen, bis er sein Volumen verdoppelt hat, etwa 45 Minuten.

❹ Den Teig in der Schüssel sanft niederboxen, auf eine leicht bemehlte Arbeitsfläche geben, halbieren und einige Minuten ruhen lassen, bevor Sie das Brot oder die Brötchen formen. Ein Backblech mit Polenta bestreuen:

**Freigeformter Laib** (rund oder lang):

Teig mit den Händen zu einem Rechteck von 20 x 25 cm klopfen und dann längs falten oder wie einen Teppich aufrollen. Für einen runden Laib formen Sie den Teig mit den Händen zu einer Kugel. Die Seiten dieser Kugel dann rundum nach oben ziehen und oben **zusammen drücken**. Dadurch entsteht auf der Oberfläche eine Spannung, die dann beim Backen so schön aufreißt.

**Kastenform:**

Legen Sie jeweils die Hälfte des Teiges in eine 11 x 29 cm große

Kastenform. Bedecken Sie die Laibe mit einem trockenen Geschirrtuch, und lassen Sie sie 30 Minuten vor dem Backen gehen.

❺ Ofen auf 205 °C vorheizen. Eine kleine, feuerfeste Form auf den Boden des Ofens stellen. Unmittelbar vor dem Backen mit einer scharfen Klinge die Oberfläche des Brotes einritzen. Jetzt in die heiße Form auf dem Boden des Ofens Wasser oder Eiswürfel einfüllen (um während des Backens für Dampf zu sorgen – durch Dampf entsteht eine knusprige Kruste!) und sofort die Laibe in den Ofen geben. Schnell die Ofentür schließen und je nach Größe 20 bis 25 Minuten backen.

❻ Prüfen Sie, ob das Brot durch ist, indem Sie auf dessen Unterseite klopfen. Klingt es hohl, ist das Brot fertig. Aus dem Ofen nehmen und auf einem Gitter 15 Minuten abkühlen lassen.

# The Holy Grail of Rolls

## Die perfekten Brötchen

Diese Brötchen sind das gebackene Äquivalent zu einer weichen, kuscheligen Kaschmirdecke … ein Wunschtraum. Entdecken Sie Ihre Lieblingsvariante!

Für 24 Brötchen

50 g Butter
500 ml Buttermilch, warm

650 g Mehl, Type 405
7 g Trockenhefe
¼ TL Natron
15 g Salz
20 g Zucker

Kräuterbutter
für die Füllung:
100 g Butter, weich
2 Zehen Knoblauch,
 fein gehackt
1 Handvoll fein gehackte
 frischer Kräuter,
 z.B. Schnittlauch,
 Estragon, Thymian,
 Salbei, Petersilie
Meersalz nach Geschmack

ca. 30 g zerlassene Butter
 für Parker House Rolls

❶ Butter in der warmen Buttermilch zerlassen. Auf Zimmertemperatur abkühlen lassen. In einer großen Schüssel Mehl, Hefe, Natron, Salz und Zucker vermengen. Die abgekühlten flüssigen Zutaten dazugeben. Mit einer Küchenmaschine oder einem Handmixer mit Knethaken etwa 4 Minuten kneten. Auf einer leicht bemehlten Arbeitsfläche mehrere Minuten mit der Hand weiterkneten. Der Teig wird recht weich sein. Nehmen Sie kein weiteres Mehl! Aus dem Teig eine Kugel formen, in einer ausgebutterten Schüssel wenden. Mit einem feuchten Geschirrtuch bedecken und etwa 45 Minuten an einem warmen Ort gehen lassen, bis sich das Volumen des Teigs verdoppelt hat.

❷ Den Teig in der Schüssel sanft niederboxen, auf eine leicht bemehlte Arbeitsfläche geben, halbieren und nochmals kurz ruhen lassen.

❸ **Fächer:** (Bild 1 Mitte, Bild 2-4). Die Zutaten für die Kräuterbutter mischen. Eine 12er-Muffinform ausbuttern. Eine Teighälfte auf 25 x 30 cm ausrollen. Großzügig mit einer dicken Schicht Butter bestreichen – der Teig sollte komplett bedeckt sein. Der Länge nach in 5 Streifen von je 5 cm Breite schneiden. Die Streifen mit Hilfe einer langen Palette übereinanderstapeln. Das Ganze in 12 Teile schneiden und mit der Schnittfläche nach oben in die Muffinförmchen setzen.

**Kleeblatt:** (Bild 1, links) 3 Bällchen Teig (jeweils ca. 25 g) in der Hand rollen und nebeneinander in die Muffinförmchen setzen.

**Parker House Rolls:** (Bild 1, rechts) Den Teig 1 cm dick ausrollen. Mit einem Glas, dessen Rand Sie vorher in Mehl getaucht haben (damit es nicht klebt), Kreise ausstechen. Mit zerlassener Butter bestreichen, überklappen und eng aneinander auf ein Backblech legen.

❹ Alle Versionen nochmals 30 Minuten vor dem Backen gehen lassen.

❺ Ofen auf 200 °C vorheizen. Fächer backen, bis sie leicht angebräunt sind (etwa 14 Minuten).

Die anderen Brötchen backen, bis sie goldfarben sind (15 – 17 Minuten).

# Buns

## Amerikanische Brötchen

Am 4. Juli, dem amerikanischen Unabhängigkeitstag, geben mein Mann und ich jedes Jahr eine Party von der Art, die wir in Amerika »bash« nennen – das heißt, wir lassen es mit phänomenalem Essen und wunderbaren Menschen so richtig krachen. Am liebsten grillen wir – Hamburger, Hot Dogs, Hühnchen, Gemüse, was immer Sie wollen. In der Vergangenheit hat der Mangel an guten buns, amerikanischen Brötchen, schon furchtbare Krisen ausgelöst. Denn was ist schon ein Burger oder ein Würstchen ohne die richtige Grundlage für Ketchup, Relish und Senf? Nach allerlei Hin und Her wurde mir klar: Wenn ich einen guten Bun will, muss ich ihn selber backen!

Für etwa 12 Brötchen

250 ml Milch
125 ml Wasser
60 g Butter
2 Eier (eins für den Teig, eins zum Glasieren)

650 g Mehl, Type 405
7 g Trockenhefe
2 EL Zucker
1 ½ TL Salz

Polenta (zum Bestäuben des Backblechs)

❶ In einem kleinen Topf Milch, Wasser und Butter erwärmen, bis die Butter geschmolzen ist. Auf Zimmertemperatur abkühlen lassen, dann 1 Ei hineinschlagen. In einer großen Rührschüssel Mehl, Hefe, Zucker und Salz mischen. Flüssige Zutaten mit den trockenen Zutaten mischen. Mit einer Küchenmaschine oder einem Handmixer mit Knethaken 3 Minuten kneten. Nehmen Sie bitte kein weiteres Mehl! Auf einer leicht bemehlten Arbeitsfläche von Hand mehrere Minuten durchkneten. Der Teig bleibt dabei recht weich.

❷ Zwei Backbleche mit Polenta bestäuben (oder mit Backpapier auslegen). Den Teig je nach gewünschter Brötchenform einteilen.

**Hamburger-Brötchen**: Je 80 g Teig zu einer Kugel formen und auf ein Backblech setzen. Leicht abflachen.

**Hot-Dog-Brötchen**: Je 100 g Teig zu einem Rechteck von 15 x 10 cm formen. Am langen Ende den Teig zum anderen Ende überklappen und die Außenränder zum Versiegeln zusammendrücken. Aufs Backblech legen.

❸ Die Brötchen mit einem Geschirrtuch abdecken und 40 Minuten gehen lassen.

❹ Ofen auf 200 C° vorheizen. Unmittelbar vor dem Backen ein Ei mit 1 TL Wasser verschlagen und die Oberflächen der Brötchen damit bestreichen. Mit Sesam oder Mohn bestreuen – oder einfach ganz schlicht lassen.

❺ Etwa 10 bis 12 Minuten backen oder so lange, bis die Brötchen goldbraun sind.

# Whole Wheat Bagels

## Vollkornbagels

Für 15 Bagels

500 g Vollkornmehl
500 g Mehl, Type 550
14 g Trockenhefe
60 g brauner Zucker
 oder Rohrohrzucker
22 g Salz

395 ml Wasser
80 ml Pflanzenöl
2 Eier

40 g Zucker für das
 Kochwasser

4 EL Polenta (zum Bestäuben
 des Backblechs)

Sesamsamen, Mohn,
Sonnenblumenkerne
oder Knoblauch

❶ In einer großen Schüssel Mehl, Trockenhefe, Zucker und Salz vermengen. In einem Messbecher Wasser, Öl und Eier verschlagen. Die flüssigen Zutaten zu den trockenen Zutaten geben.

❷ Mit einer Küchenmaschine oder einem Handmixer mit Knethaken 4 Minuten kneten. Haben Sie Geduld. Dieser Teig ist ziemlich trocken und steif. Das ist richtig so. Fügen Sie nicht mehr als nur einige Spritzer Wasser hinzu. Den Teig auf einer unbemehlten (!) Arbeitsfläche einige Minuten mit der Hand weiterkneten. Er bleibt ziemlich steif.

❸ Den Teig zu einer Kugel formen, in die Schüssel zurücklegen, mit einem feuchten Geschirrtuch bedecken und 45 Minuten gehen lassen.

❹ Ofen auf 215 °C vorheizen. Einen großen Topf Wasser mit 40 g Zucker zum Kochen bringen. Den Teig auswiegen (110 g pro Bagel) und auf die Arbeitsfläche legen. Auch hier kein zusätzliches Mehl verwenden. Der Teig sollte ein wenig klebrig sein. Ist er nicht klebrig genug, halten Sie eine kleine Schüssel Wasser bereit, in der Sie Ihre Hände vor dem Ausrollen anfeuchten können.

❺ Die einzelnen Teigstücke zu einer Wurst rollen, diese um Ihre Hand wickeln und die Enden miteinander verschließen, indem Sie mit der Hand darüberrollen. Bagels auf ein Geschirrtuch oder Backblech setzen und 15 Minuten gehen lassen. Backbleche großzügig mit Polenta bestreuen.

❻ Wenn das Wasser kocht, legen Sie so viele Bagels wie möglich hinein, ohne dass sie einander berühren. 2 Minuten lang kochen, dann mit einem Schaumlöffel aus dem Wasser holen und aufs Backblech setzen. Jetzt können Sie die Bagels mit Sesam, Mohn, Sonnenblumenkernen oder Knoblauch bestreuen. Sie schmecken auch sehr gut, wenn sie mit Olivenöl und Kräutern bepinselt werden.

❼ Nachdem Sie die Bagels gekocht haben, 15 Minuten oder länger backen, bis sie goldbraun sind.

# Cinnamon Raisin Bagels

## Zimt-Rosinen-Bagels

Für 15 Bagels

1 kg Mehl, Type 550
14 g Trockenhefe
45 g Zucker
15 g Salz

530 ml Wasser, warm

Zimt-Rosinen-Mix:
1 EL Zimt
100 g Rosinen
1 EL Zucker

40 g Zucker für das Kochwasser
4 EL Polenta zum Bestäuben des Backblechs

❶ In einer großen Schüssel Mehl, Trockenhefe, Zucker und Salz vermengen. Das Wasser dazugeben.

❷ Mit einer Küchenmaschine oder einem Handmixer mit Knethaken 4 Minuten kneten. Haben Sie Geduld. Dieser Teig ist ziemlich trocken und steif. Das ist richtig so. Fügen Sie nicht mehr als nur einige Spritzer Wasser hinzu. Den Teig auf einer unbemehlten (!) Arbeitsfläche einige Minuten mit der Hand weiterkneten. Er bleibt ziemlich steif. In einer kleinen Schüssel Zimt, Rosinen, Zucker und 1 EL Wasser vermengen und zügig in den Teig kneten. Machen Sie es nicht zu gründlich, damit der teig marmoriert bleibt.

❸ Aus dem Teig eine Kugel formen, zurück in die Rührschüssel legen und mit einem feuchten Geschirrtuch bedeckt 45 Minuten gehen lassen.

❹ Einen großen Topf Wasser mit 40 g Zucker zum Kochen bringen. Den Teig auswiegen (110 g pro Bagel) und auf die Arbeitsfläche legen. Auch hier kein zusätzliches Mehl verwenden. Der Teig sollte ein wenig klebrig sein. Ist er nicht klebrig genug, halten Sie eine kleine Schüssel Wasser bereit, in der Sie Ihre Hände vor dem Ausrollen anfeuchten können.

❺ Die einzelnen Teigstücke zu einer Wurst rollen, diese um Ihre Hand wickeln und die Enden miteinander verschließen, indem Sie mit der Hand darüberrollen. Bagels auf ein Geschirrtuch oder Backblech setzen und 15 Minuten gehen lassen. Backblech großzügig mit Polenta bestreuen.

❻ Wenn das Wasser kocht, geben Sie so viele Bagels wie möglich hinein, ohne dass sie sich gegenseitig berühren. 2 Minuten kochen, mit einem Schaumlöffel aus dem Wasser holen und aufs Backblech setzen.

❼ Nachdem Sie alle Bagels gekocht haben, 15 Minuten oder länger backen, bis sie goldbraun sind.

# Individual Pecan Sticky Buns

## Pekan-Karamell-Schnecken

Für 18 Schnecken

35 g Vollkorn-Haferflocken
35 g Muscovado-Zucker
fein abgeriebene Schale von
  1 unbehandelten Orange
1½ TL Salz
325 ml heiße Milch
2 Eier

Teig:
550 – 600 g Mehl, Type 405
7 g Trockenhefe
75 g Butter, kalt, gewürfelt

Sirup:
250 ml Ahornsirup
125 g Butter
150 g Muscovado-Zucker

Füllung:
100 g Pekannüsse, gehackt
50 g Muscovado-Zucker
1 EL Zimt

❶ In einer kleinen Schale Haferflocken, Muscovado-Zucker, Orangenschale und Salz mischen und mit heißer Milch übergießen. 10 Minuten stehen lassen, dann die Eier hineingeschlagen.

❷ Das Haferflocken-Gemisch zu Mehl und Hefe geben und mit einem Handrührgerät mit Knethaken oder einer Küchenmaschine kneten, bis der Teig weich und geschmeidig ist. Nach und nach die kalte Butter dazugeben und etwa 5 Minuten lang kneten (eventuell noch etwas Mehl dazugeben). Dann einige Minuten mit der Hand auf der Arbeitsfläche kneten, um ein Gefühl für den Teig zu bekommen. Teig zu einer Kugel formen, in eine gebutterte Schüssel legen, mit einem feuchten Geschirrtuch bedecken und etwa 45 Minuten gehen lassen, bis er sein Volumen verdoppelt hat.

❸ Den Teig noch einmal von Hand sanft durchkneten, für 15 Minuten abgedeckt in der Schüssel stehen lassen.

❹ Ahornsirup mit Butter in einen Topf geben. Erwärmen, bis die Butter geschmolzen ist. Vom Herd nehmen und Zucker untermischen. Beiseitestellen, etwas abkühlen und eindicken lassen.

❺ Ofen auf 180 °C vorheizen.

❻ Die Förmchen vorbereiten: Etwa 2 EL Sirupmischung in jedes Förmchen geben, gefolgt von 1 EL gehackten Pekannüssen.

❼ Teig auf eine Größe von 50 x 30 cm ausrollen. Den Teig bis auf 1 cm am Rand mit der restlichen Sirupmischung bepinseln, anschließend mit Zimt und Zucker bestreuen. Teig wie einen Teppich aufrollen, in etwa 3 cm breite Stückchen schneiden und sofort in die vorbereiteten Förmchen legen. Die Stücke am besten vor dem Schneiden leicht mit einem Messer markieren, damit 18 gleich große Schnecken entstehen.

❽ Die Förmchen auf ein mit Backpapier ausgelegtes Backblech setzen. 20 bis 25 Minuten lang backen, bis die Schnecken goldbraun sind. Sobald sie aus dem Ofen kommen, müssen die Förmchen auf den Kopf gestellt werden, damit der Sirup nicht fest wird und die Nüsse nicht in der Form kleben bleiben. Nach 5 Minuten, wenn die Förmchen etwas abgekühlt sind, können sie entfernt werden. Falls nötig, restliche Nüsse und Sirup mit einem Löffel aus der Form holen.

# Monkey Bread

»Monkey«-Gugelhupf

Monkey Bread gehört zur Spezies des Zupfbrots. Es besteht aus lauter kleinen Kugeln eines himmlischen Hefeteigs, die erst in Butter gerollt und dann in Zimtzucker gewälzt werden. All das karamellisiert beim Backen. Man kann einfach nicht aufhören, daran zu zupfen und zu naschen.

### Für 1 Gugelhupf

35 g kernige Haferflocken
35 g Muscovado-Zucker
fein abgeriebene Schale von 1 unbehandelten Orange
1½ TL Salz
325 ml heiße Milch
2 Eier

550-600 g Mehl, Type 405
7 g Trockenhefe
75 g kalte Butter, gewürfelt
85 g Muscovado-Zucker
55 g Zucker
4 g Zimt, gemahlen
45 g Butter

Glasur (nach Belieben):
2 EL Milch,
  mit 80 g Puderzucker verrührt
1 EL Zimt

❶ In einer kleinen Schale Haferflocken, Muscovado-Zucker, Orangenschale und Salz vermischen und mit heißer Milch übergießen. 10 Minuten ruhen lassen, dann Eier hineinschlagen.

❷ Das Haferflocken-Gemisch zu Mehl und Hefe geben und mit einem Handmixer mit Knethaken oder einer Küchenmaschine kneten, bis der Teig weich und geschmeidig ist. Nach und nach die kalte Butter dazugeben und etwa 5 Minuten kneten, eventuell mehr Mehl dazugeben. Weitere 2 Minuten von Hand auf der Arbeitsfläche kneten, um ein Gefühl für den Teig zu bekommen. Zu einer Kugel formen, in eine gebutterte Schüssel legen, mit einem feuchten Tuch bedecken und etwa 45 Minuten gehen lassen, bis der Teig sich verdoppelt hat.

❸ In der Zwischenzeit die beiden Zuckersorten mit dem Zimt mischen und die Butter zerlassen. Beides beiseitestellen. Den Ofen auf 180°C vorheizen.

❹ Nach 45 Minuten den Teig behutsam niederboxen und auf eine leicht bemehlte Arbeitsfläche legen. Die Zimtzuckermischung und die Butter bereithalten. Zupfen Sie ein etwa tischtennisballgroßes Stück vom Teig ab, und rollen Sie es zu einer Kugel. Wenden Sie die Kugel zuerst in der zerlassenen Butter, dann in der Zimtzuckermischung. In eine Gugelhupfform setzen. So weitermachen, bis der gesamte Teig verarbeitet ist. Mit einem Geschirrtuch abdecken und 40 Minuten gehen lassen. Anschließend mit dem restlichen Zimtzucker bestreuen.

❺ Das Brot 50 bis 55 Minuten backen. Nach 30 Minuten nachsehen. Wenn es zu dunkel wird, mit Küchenpapier abdecken. Aus dem Ofen nehmen und auf einem Gitter 15 Minuten abkühlen lassen. Die Glasur über den noch warmen Kuchen träufeln. Zu Kaffee oder Tee servieren. In Scheiben schneiden und einfach auseinanderrupfen.

# Danish

Dänischer Plunder

---

Für 2 Zöpfe

520 g Mehl, Type 405
7 g Trockenhefe
50 g Zucker
1 TL Salz
½ TL Kardamom

125 ml warmes Wasser
275 ml warme Milch
1 Ei
fein abgeriebene Schale von
　1 unbehandelten Zitrone
1 TL Vanilleextrakt

250 g kalte Butter

Füllung:
3 EL Pflaumenkonfitüre
200 g Marzipan
30 g Butter
1 Eiweiß für die Füllung
1 Eiweiß zum Glasieren

*Eine Hälfte des Teigs und die Hälfte des Marzipans können Sie auch aufheben (hält sich 24 Std. im Kühlschrank, mehrere Monate tiefgefroren). Einen DANISH machen Sie bald wieder!

❶ In einer großen Schüssel Mehl, Hefe, Zucker, Salz und Kardamom vermengen. In einem Messbecher Wasser, Milch, Ei, Zitronenschale und Vanilleextrakt verschlagen. Die flüssigen Zutaten zu den trockenen Zutaten geben. Mit einer Küchenmaschine oder einem Handmixer mit Knethaken 4 Minuten kneten. Den Teig auf einer leicht bemehlten Arbeitsfläche einige Minuten von Hand kneten. Der Teig bleibt recht weich. Für 15 Minuten in den Kühlschrank.

❷ Bestäuben Sie die Butter leicht mit Mehl, klopfen Sie sie auf der leicht bemehlten Arbeitsfläche mit einem Nudelholz zu einem flachen Quadrat von 20 x 20 cm, und stellen Sie sie kalt.

❸ Teig aus dem Kühlschrank nehmen und auf die Arbeitsfläche legen. Zu einem Quadrat von 40 cm Seitenlänge ausrollen. Die Butter in die Mitte setzen (Bild 1).

❹ Die Seiten des Teigs zur Mitte hin einklappen. Die Enden zum Verschließen zusammendrücken. Mit dem Nudelholz zu einem Rechteck von 45 x 40 cm ausrollen. Ein Ende zur Mitte, das andere Ende darüberklappen, so dass ein Quadrat entsteht. Sie haben jetzt drei Lagen Teig. 25 Minuten im Kühlschrank ruhen lassen.

❺ Ein zweites Mal den Teig zu einem Rechteck ausrollen. Den Faltprozess aus ❹ noch zwei Mal wiederholen, den Teig zwischendurch ruhen lassen. Noch 2 x wiederholen.

❻ Den Teig halbieren*, auf einer leicht bemehlten Arbeitsfläche zu zwei 20 x 35 cm langen Rechtecken ausrollen. Pflaumenkonfitüre jeweils auf einem 4 cm breiten Streifen in der Mitte verteilen. Marzipan, Butter und 1 Eiweiß mischen. Jeweils die Hälfte dieser Mischung auf der Konfitüre verstreichen, jeweils 12 diagonale Schnitte anbringen, 2 cm breit (Bild 2). Die Streifen zur Mitte hin einklappen, dabei abwechselnd einen Streifen von links und einen von rechts nehmen. Zum Versiegeln die Enden leicht zusammendrücken (Bild 3).

❼ Mit Eiweiß bestreichen und 30 Minuten gehen lassen. Ofen auf 195 °C vorheizen. 20–22 Minuten lang backen. Nach 15 Minuten nachsehen. Falls die Plunder zu dunkel werden, während der restlichen Backzeit mit Küchenpapier bedecken.

# Pain au Raisin

## Rosinenschnecken

Für etwa 30 Stück

520 g Mehl
7 g Trockenhefe
50 g Zucker
1 TL Salz
½ TL Kardamom

125 ml warmes Wasser
275 ml warme Milch
1 Ei
1 TL Vanilleextrakt
fein abgeriebene Schale von
　1 unbehandelten Zitrone
250 g kalte Butter

Füllung:
200 g Marzipan
30 g Butter
1 Eiweiß für die Füllung
250 ml warmes Wasser,
　um die Rosinen
　einzuweichen
100 g Rosinen
1 Ei, leicht verschlagen,
　zum Glasieren

*Eine Hälfte des Teigs und die Hälfte des Marzipans können Sie auch aufheben (hält sich 24 Std. im Kühlschrank, mehrere Monate tiefgefroren).

❶ In einer großen Schüssel Mehl, Hefe, Zucker, Salz und Kardamom vermengen. In einem Messbecher Wasser, Milch, Ei, Vanilleextrakt und Zitronenschale verschlagen. Die flüssigen Zutaten zu den trockenen Zutaten geben. Mit einer Küchenmaschine oder einem Handmixer mit Knethaken 4 Minuten kneten. Den Teig auf einer leicht bemehlten Arbeitsfläche einige Minuten von Hand kneten. Er bleibt recht weich. Für 15 Minuten in den Kühlschrank legen.

❷ Bestäuben Sie die Butter mit etwas Mehl und klopfen sie auf der leicht bemehlten Arbeitsfläche mit einem Nudelholz zu einem flachen Quadrat von 20 x 20 cm, und stellen Sie sie kalt.

❸ Teig aus dem Kühlschrank nehmen und zu einem Quadrat von 40 cm Seitenlänge ausrollen. Die Butter in die Mitte setzen.

❹ Die Seiten des Teigs zur Mitte hin einklappen. Die Enden zum Verschließen zusammendrücken. Mit dem Nudelholz zu einem Rechteck von 45 x 40 cm ausrollen. Ein Ende zur Mitte, das andere Ende darüberklappen, so dass ein Quadrat entsteht. Sie haben jetzt drei Lagen Teig. 25 Minuten im Kühlschrank ruhen lassen.

❺ Ein zweites Mal den Teig zu einem Rechteck ausrollen. Den Faltprozess aus ❹ noch zwei Mal wiederholen, den Teig zwischendurch ruhen lassen. Noch 2 x wiederholen.

❻ Marzipan, Butter und Eiweiß vermischen. Rosinen in warmem Wasser mindestens 1 Stunde einweichen. Vor der Verwendung abtropfen lassen. Zwei Backbleche mit Backpapier auslegen.

❼ Den Teig halbieren*, auf einer leicht bemehlten Arbeitsfläche zu zwei 25 x 40 cm langen Rechtecken ausrollen. Die Hälfte des Marzipans jeweils gleichmäßig auf dem Teig verteilen. Mit eingeweichten Rosinen bestreuen. Den Teig jeweils gleichmäßig wie einen Teppich aufrollen. In 25 x 1,5 cm dicke Scheiben schneiden. Das »Schwänzchen« unter den Teig stecken. Auf einem Backblech in 4 cm Abstand legen. Eine Stunde gehen lassen.

❽ Ofen auf 195 °C vorheizen. Die Schnecken mit verschlagenem Ei bepinseln und 15 Minuten backen. Nach 10 Minuten nach der Farbe sehen. Wenn sie zu dunkel werden, mit Küchenpapier bedecken und weiterbacken.

# HOME IS
# WHERE YOU COME FROM.
# New York

Den größten Einfluss auf mein Leben hatte, neben meinen Eltern, die Zeit, die ich in New York verbracht habe. Berlin hat mein Herz erobert, doch New York hat meine Seele ergriffen. Es war im Sommer 1984. Ich war 20 Jahre alt und ging auf die Schauspielschule des Circle in the Square Theatre. Ich war immer eine gute Tänzerin gewesen, aber die Gesangsstunden waren eine Katastrophe. Ich hatte keine Stimme und offensichtlich auch nur wenig Talent fürs Singen. In zehn Wochen sang ich nur ein einziges Lied: »Maybe This Time« aus dem Musical »Cabaret«. »Maybe NOT This Time«, wäre sicherlich der passendere Titel gewesen.

Im Schauspiel schlug ich mich besser. Ich hatte eine strenge Lehrerin, Terri vom »Actor's Studio«, die mit uns sensorische Übungen machte. Man musste sich in eine Zeit in der Vergangenheit zurückversetzen und damaligen Sinneseindrücken (Geschmack, Geruch, Berührung usw.) nachspüren. Diese Erinnerungen sollten wir nutzen, um uns bestimmte Gefühle ins Gedächtnis zu rufen, wenn wir sie in einer Szene spielten. Wie sich später herausstellte, sollten diese Übungen ein wichtiges Element in meiner Entwicklung als Gastronomin werden.

Während meines Sommers an der New Yorker Schauspielschule kam mein Freund Harry nach New York und zog bei mir ein. Ich hatte eine riesige, in Lavendel und Gelb gehaltene Küche, inspiriert durch Monets Küche in Giverny, und alles drehte sich um diese Küche. Harry füllte den Sommer lang im Feinkostladen Dean & DeLuca Regale in der Haushaltswarenabteilung auf. Das ist wahrscheinlich das Küchengeschäft mit dem besten Sortiment der WELT, und so hat meine Begeisterung für alles, was in die Küche gehört, begonnen. Ich begriff, dass ich die Prinzipien der Sinneserinnerung aufs Backen und Kochen übertragen konnte. Als ich nach Berlin zog, tanzte ich in meinen Träumen in der Küche. Heute verstehe ich, warum.

# Cookies & Brownies

Cookies und Brownies sind das einfachste und verführerischste Gebäck aller Zeiten.

Backen Sie sie groß für den großen Hunger oder klein als liebevoll selbstgemachtes Weihnachtsgeschenk. Nichts, aber auch gar nichts, reicht an Cookies oder Brownies heran. Sie möchten sich bei jemandem entschuldigen, Freundschaften schließen oder die neuen Nachbarn kennenlernen? Hiermit haben Sie Zugang zu allen Herzen.

# Chocolate Chip Cookies

## Cookies mit Schokolade

Für 40 Cookies, 10 cm ø

275 g Mehl
125 g Stärke
1 TL Natron
1 TL Backpulver
1¼ TL Salz

250 g Butter, weich
240 g Muscovado-Zucker
190 g Zucker
2 Eier
2 TL Vanilleextrakt
600 g Zartbitterschokolade, in Stücken

❶ Mehl, Stärke, Natron, Backpulver und Salz in eine Schüssel sieben.

❷ Mit einer Küchenmaschine oder einem Handmixer Butter und beide Zuckersorten einige Minuten lang schlagen, bis die Masse sehr cremig ist. Die Eier nacheinander dazugeben. Vanille unterrühren. Geschwindigkeit reduzieren und die Mehl-Backpulver-Mischung dazugeben. Dabei nur so lange mischen (5 bis 10 Sekunden), bis sich beide Massen gerade so verbunden haben. Schokostückchen mit einem Holzlöffel oder Teigschaber untermischen. Mit Klarsichtfolie bedecken und kurz in den Kühlschrank stellen – der Teig lässt sich besser verarbeiten, wenn er kalt ist.

❸ Ofen auf 180 °C vorheizen. Backblech mit Backpapier auslegen.

❹ Mit einem Esslöffel, einem Eiskugelportionierer oder am besten mit der Hand gleich große Teighäufchen auf das Backblech setzen. Backen, bis sie goldfarben sind – je nach Größe der Cookies dauert das etwa 12 bis 15 Minuten.

❺ Backblech 10 Minuten zum Abkühlen auf ein Metallgitter stellen.

# Oatmeal Cookies with Chocolate

Cookies mit Haferflocken, Schokolade und Kirschen

Für etwa 24 Cookies

140 g Mehl
½ TL Natron
¼ TL Salz

140 g Butter, Zimmertemperatur
100 g Zucker
100 g brauner Zucker
1 Ei
1 TL Vanilleextrakt

100 g kernige Vollkornhaferflocken
150 g–200 g Zartbitterschokolade, grob gehackt
125 g getrocknete (Sauer-)Kirschen, 20 Minuten in warmem Wasser eingeweicht und abgegossen
100 g Mandelstifte, leicht angeröstet

Backen macht glücklich: Versuchen Sie es mit diesen Cookies. Sie sind im Handumdrehen gemacht – also sind Sie selbst schon mal glücklich. Und dann verschenken Sie sie an Ihre Nachbarn, an Freunde und an Leute, mit denen Sie gern befreundet wären. Auch Ihre Kinder werden die Kekse lieben. Nun werden Sie von allen geliebt, weil Sie gebacken haben. Und Sie wiederum lieben mich, weil ich Ihnen dieses Rezept verraten habe!

❶ Ofen auf 175 °C vorheizen. Backblech mit Backpapier auslegen. Mehl, Natron und Salz in einer mittelgroßen Schüssel mischen. Mit einem elektrischen Mixer in einer zweiten Schüssel Butter, weißen und braunen Zucker verschlagen, bis sie gut vermischt sind. Ei und Vanilleextrakt untermischen. Die Mehlmischung hineinschlagen. Haferflocken, Schokoladenstückchen, Sauerkirschen und Mandeln dazugeben und kurz untermischen.

❷ Gehäufte Esslöffel Teig in 3 cm Abstand aufs Backblech setzen. Cookies backen, bis sie goldfarben sind (etwa 10–12 Minuten).

❸ Auf dem Backblech abkühlen lassen.

# White Chocolate Chip Cookies

Cookies mit weißer Schokolade und Macadamianüssen

Eines Tages, kurz nachdem ich meinen ersten Laden eröffnet hatte, saß ich im Büro und hing meinen Gedanken nach, als das Telefon klingelte. Am Apparat war eine bekannte Berliner Politikerin. Sie fragte, ob ich Cookies mit weißer Schokolade und Macadamianüssen backen könne. Äh, ja klar, was immer Sie wünschen, dachte ich. Mir kam es vor, als sei die Queen persönlich am Telefon. Und wie eine gehorsame Untertanin trottete ich in meine Küche und legte los.
Und, liebe Leserinnen und Leser, das war das erste Mal, dass ich überhaupt an Cookies mit weißer Schokolade und Macadamianüssen gedacht hatte.

Für 40 Cookies, 10 cm ø

- 300 g Mehl
- 125 g Stärke
- 1 TL Natron
- 1 TL Backpulver
- 1 TL Salz

- 250 g Butter, weich
- 220 g brauner Zucker (ich mag am liebsten Muscovado, aber Sie können auch Rohrohrzucker verwenden)
- 170 g Zucker
- 2 Eier
- 1 TL Vanilleextrakt

- 400 g weiße Schokolade, grob gehackt
- 125 g Macadamianüsse, leicht gesalzen und geröstet (grob gehackt, wenn Sie mögen)

❶ Mehl, Stärke, Natron, Backpulver und Salz in eine Schüssel sieben.

❷ Mit einer Küchenmaschine oder einem Handmixer in einer zweiten Schüssel Butter und beide Zuckersorten verschlagen, bis die Masse ganz cremig und hell ist. Die Eier nacheinander hineinschlagen. Vanille unterrühren. Die Geschwindigkeit reduzieren und 5–10 Sekunden lang die Mehl-Backpulver-Mischung untermischen.

❸ Schokolade und Nüsse mit einem Holzlöffel oder Teigschaber unterheben. Sofort backen oder mit Klarsichtfolie bedeckt in den Kühlschrank legen. Der Teig kann portionsweise verarbeitet werden und hält sich bis zu einer Woche im Kühlschrank.

❹ Ofen auf 175 °C vorheizen. Backblech mit Backpapier auslegen.

❺ Mit einem Esslöffel, Eisportionierer oder mit der Hand (mein bevorzugtes Arbeitsgerät!) kleine Haufen Teig auf das Backblech setzen. Darauf achten, dass alle Plätzchen die gleiche Größe haben! Abhängig von der Größe der Cookies und der Einstellung Ihres Ofens in 11–14 Minuten goldbraun backen.

❻ Nach dem Backen 10 Minuten auf einem Metallgitter auskühlen lassen.

# Macaroons

## Kokos-Makronen

Mit diesem köstlichen Rezept habe ich mich selber angenehm überrascht! Die Makronen sind leicht, saftig und bringen die Kokosnuss voll zur Geltung. Und wenn Sie es wagen, sie nach dem Backen mit einem kleinen Stückchen Schokolade zu toppen, dann werden auch Sie aufs Angenehmste überrascht sein. Die Makronen haben soeben ihre Unschuld verloren.

### Für etwa 25 Makronen

- 4 Eiweiß (etwa 130 ml)
- 250 g gesüßte Kokosraspeln (genau die Art, die Sie im Supermarkt bekommen!)
- 150 g Zucker
- ¼ TL Salz
- 1 TL Vanilleextrakt
- etwa 50 g Zartbitterschokolade, in kleine Quadrate geschnitten (nach Belieben, aber äußerst empfehlenswert)

❶ Alle Zutaten in einer Metallschüssel gründlich vermengen. Die Schüssel auf einen großen Topf mit köchelndem Wasser setzen und die Masse erhitzen, bis sie sehr warm ist. Schüssel vom Topf nehmen und 30 Minuten beiseitestellen, damit sich die Textur entwickelt (sehr wichtig!).

❷ Ofen auf 175 °C vorheizen. Ein oder zwei Backbleche mit Backpapier auslegen. Mit einem Esslöffel oder mit der Hand jeweils etwa 2 EL Kokosmasse in 3 cm Abstand auf das Blech setzen. Darauf achten, dass alle Makronen die gleiche Größe haben.

❸ 5 Minuten backen, dann die Hitze auf 160 °C reduzieren und 7–9 Minuten weiterbacken. Nicht aus den Augen lassen! Wenn die Makronen gerade anfangen, eine goldene Farbe anzunehmen, aus dem Ofen nehmen.

❹ Jetzt ist der große Moment gekommen: Wenn Sie es sich trauen, drücken Sie ein Stückchen Schokolade in die warme Makrone und sehen zu, wie es schmilzt. 10 Minuten abkühlen lassen, ehe Sie die Makronen vom Backpapier nehmen und zum völligen Erkalten auf ein Gitter legen.

# Cyn's New Classic Brownies

## Klassische Brownies

Ich träume doch tatsächlich vom Essen, wirklich wahr.
Und manchmal ist der Traum so real, dass ich wie besessen davon bin, das,
was ich geträumt habe, auch in die Tat umzusetzen.
Ein Brownie ist nicht einfach ein Brownie – und diese hier … nun ja … sind visionär,
pur, sämig, sexy (können Brownies das sein?). Wenn Sie möchten, können Sie Nüsse
dazugeben, aber mir sind diese Brownies rein und unverfälscht am liebsten.

Für eine quadratische Backform, 23 x 23 cm

Ergibt etwa 12 Brownies, je nach Größe

170 g Butter, zerlassen
250 g Zartbitterschokolade, grob gehackt
1 TL Vanilleextrakt
100 g weißer Zucker
125 g Muscovado-Zucker

3 Eier

60 g Mehl
40 g ungesüßter Kakao
½ TL Salz
¼ TL Natron

50 g Pekannüsse (nach Belieben)

❶ Ofen auf 175 °C vorheizen. Backform ausbuttern.

❷ Butter, Schokolade, Vanilleextrakt und beide Zuckersorten in einem Topf, der auf einem zweiten Topf mit köchelndem Wasser hängt, unter Rühren schmelzen lassen. Topf vom kochenden Wasser nehmen und die Mischung etwas abkühlen lassen. Die Eier dazugeben (**nicht**, solange die Mischung noch warm ist, sonst werden die Brownies hart).

❸ Mehl, Kakao, Salz und Natron in einer Schüssel gut vermischen. Sobald die Schokolade abgekühlt ist, Eier gründlich unter die Schokolade schlagen. Mehlmischung und, falls gewünscht, die Nüsse dazugeben. Nur ganz leicht mischen.

❹ Gleichmäßig in der Backform verteilen. 20 Minuten backen, dann Gartest machen. Vor dem Anschneiden abkühlen lassen. Ich mag meine Brownies am liebsten »gooey«, d.h. sehr weich.

# Raspberry Cheesecake Brownies

## Brownies mit Himbeeren und Frischkäse

Ich liebe Himbeeren. In unserem Garten wachsen sie wie Unkraut.
Am liebsten sind sie mir so, wie Mutter Natur sie hervorgebracht hat,
doch manchmal … nur ganz selten … brauche ich einfach ein kleines bisschen
Schokolade als i-Tüpfelchen.

Für 1 rechteckige
Backform, 32 x 24 cm

Brownie-Teig:
100 g Zartbitterschokolade
100 g Edelbitterschokolade
80 g Butter

120 g Zucker
½ TL Vanilleextrakt
2 Eier

105 g Mehl
¼ TL Salz
¼ TL Natron

Frischkäse-Topping:
240 g Frischkäse
100 g Zucker
2 TL Zitronensaft
1 Ei
½ TL Vanilleextrakt
¼ TL Salz
20 g Stärke

200 g Himbeeren,
    frisch oder aufgetaut und
    abgetropft
1 EL Zucker

❶ Ofen auf 180 °C vorheizen. Backform ausbuttern.

❷ Beide Schokoladensorten und die Butter in einer Metallschüssel über köchelndem Wasser schmelzen. In eine große Schüssel umfüllen und Zucker und Vanille hineinschlagen. Abkühlen lassen, die Eier dazugeben (**nicht**, solange die Mischung noch warm ist, sonst werden die Brownies hart).

❸ Nun das Frischkäse-Topping zubereiten: Mit einem Handmixer Frischkäse und Zucker verschlagen. Zitronensaft, gefolgt von Ei, Vanilleextrakt, Salz und Stärke dazugeben.

❹ Wenn die Schokoladenmischung abgekühlt ist, Eier hineinschlagen.

Mehl, Salz und Natron in einer Rührschüssel mischen. Mit einem Holzlöffel oder Teigschaber die Mehlmischung zügig unter die Schokolade ziehen – auf gar keinen Fall zu lange mischen! Teig gleichmäßig in der vorbereiteten Backform verteilen.

❺ Frischkäsemischung ebenmäßig auf dem Teig verstreichen, dabei ringsum 1 cm frei lassen. Himbeeren auf dem Frischkäse verstreuen und mit Zucker besprenkeln.

❻ 40 Minuten backen, dann auskühlen lassen, bevor Sie die Brownies 1–2 Stunden vor dem Anschneiden in den Kühlschrank stellen.

# Pies & Variations

Willkommen in der Familie der Pies, Tartes und Crostatas. Eine Welt des vollmundigen Geschmacks und endloser Möglichkeiten!

Die Tante des Pies, die französische Frangipane Tarte, ist recht kokett und verträgt sich mit ihrer süßen Mandelfüllung mit fast jeder Frucht. Crostatas, die italienischen Cousins des American Pie, sind süß oder herzhaft und werden ohne Backform gebacken. Und dann gibt es noch die unendliche Vielfalt der Pies. I love it!

# Pecan Pie

## Pie mit Pekannüssen

Dieser Pie ist absolut göttlich, eine moderne Interpretation eines amerikanischen Klassikers. Der Ahornsirup in der Füllung und der Hauch von Schokolade verbinden sich perfekt mit der zarten Säure der getrockneten Cranberries.

Für 1 Pie- oder Tarte-Form, 23–24 cm ø

**Teig:**
- 125 g Butter, kalt
- 30 g Pflanzenfett
- 180 g Mehl
- 25 g Stärke
- ½ TL Salz
- 1 EL Zucker
- 75 ml Wasser, sehr kalt

**Füllung:**
- 125 g Muscovado-Zucker
- 3 Eier
- 180 ml Ahornsirup
- ¼ TL Salz
- 1 EL Vanilleextrakt
- 30 g Butter, zerlassen

- 100 g Zartbitterschokolade, grob gehackt
- 80 g getrocknete Cranberries, vereinzelt und leicht mehliert
- 180 g Pekannüsse (ich mag sie ganz, aber Sie können sie auch hacken)

❶ Für einen leichten und blättrigen Teig Butter und Pflanzenfett in kleine Stücke schneiden und in das Gefrierfach legen, während Sie die anderen Zutaten vorbereiten. Mehl, Stärke, Salz und Zucker in einer großen Schüssel mischen. Mit den Fingerspitzen das kalte Fett einarbeiten, bis das Ganze grob krümelig ist. Das kalte Wasser dazugeben und nicht zu lange mischen, Stückchen von Butter sollen zu sehen sein.

❷ Den Teig auf eine leicht bemehlte Arbeitsfläche geben und möglichst schnell zu einer Scheibe formen, damit das Fett nicht zu weich wird. In Klarsichtfolie gewickelt für etwa 2 Stunden in den Kühlschrank legen. Sie können den Teig auch mehrere Monate einfrieren.

❸ Ofen auf 210 °C vorheizen. Den Teig auf einer leicht bemehlten Arbeitsfläche auf 2–3 mm Dicke ausrollen. Nudelholz und Arbeitsfläche bemehlt halten, damit der Teig nicht daran kleben bleibt.

❹ Ausgerollten Teig in die Pieform legen und sanft an den Seiten der Form andrücken. Überhang bis auf 5 mm abschneiden. Mit den Fingerspitzen die Ränder wellenförmig gestalten.

❺ Für die Füllung Zucker und Eier in einer großen Schüssel verschlagen, dann Ahornsirup, Salz, Vanilleextrakt und zerlassene Butter untermischen.

❻ Auf dem Pieboden erst gehackte Schokolade, dann Cranberries verstreuen. Pekannüsse gleichmäßig darüber verteilen und behutsam die Füllung darübergießen.

❼ 10 Minuten bei 210 °C backen, dann die Temperatur auf 190 °C senken und weitere 10 Minuten backen. Farbe prüfen: Wenn er etwas dunkel erscheint, den Pie mit Küchenpapier abdecken. Die Hitze auf 180°C reduzieren und weitere 16–18 Minuten backen.

❽ Der Pie ist fertig, wenn er gold-farben ist. Vor dem Servieren mehrere Stunden auf einem Kuchengitter auskühlen lassen.

# Any Kind of Pie with Streusel Topping

## Pie mit Streuseln

Für 1 Pie- oder Tarte-Form, 23–24 cm ø

Teigboden:
135 g Butter, kalt
30 g Pflanzenfett
250 g Mehl
1 TL Zucker
1 TL Salz
1 Ei, mit kaltem Wasser auf 125 ml aufgefüllt

Füllung:
5 feste aber reife Birnen und/oder Äpfel, geschält, entkernt und in Scheiben
8 EL Zucker
1 EL Zitronensaft
500 g Blaubeeren, frisch oder aufgetaut und abgetropft
40 g Mehl
1 TL frisch abgeriebene Zitronenschale, nach Belieben

Streusel:
105 g Mehl
60 g brauner Zucker
40 g Walnüsse oder Pekannüsse, geröstet
95 g kalte Butter, in kleinen Würfeln
1 Prise Salz

❶ Für einen leichten und blättrigen Teig Butter und Pflanzenfett in kleine Stücke schneiden und in das Gefrierfach legen, während Sie die anderen Zutaten vorbereiten. Mehl, Zucker und Salz in einer großen Schüssel mischen. Mit den Fingerspitzen das kalte Fett einarbeiten, bis das Ganze grob krümelig ist. Kalte Ei-Wasser-Mischung dazugeben und alles mit einer Gabel mischen.

❷ Den Teig auf eine leicht bemehlte Arbeitsfläche geben und möglichst schnell zu einer Scheibe formen, damit das Fett nicht zu weich wird. In Klarsichtfolie gewickelt für etwa 2 Stunden in den Kühlschrank legen. Sie können den Teig auch mehrere Monate einfrieren.

❸ Den Boden blindbacken: Ofen auf 200 °C vorheizen. Auf einer leicht bemehlten Arbeitsfläche Teig auf 3 mm ausrollen. Nudelholz und Arbeitsfläche bemehlt halten, damit der Teig nicht kleben bleibt. Zügig arbeiten.

❹ Ausgerollten Teig in die Backform legen, an den Seiten leicht andrücken und den Überhang bis auf 5 mm abschneiden. Den Teigrand mit den Fingerspitzen wellenförmig formen. Seiten und Boden mit einer Gabel einstechen. Alufolie auf den Teig legen und mit trockenen Hülsenfrüchten beschweren. Dies verhindert, dass der Teig beim Backen schrumpft oder sich aufbläht. 10 Minuten backen, dann Alufolie und die Hülsenfrüchte entfernen, weitere 8 Minuten backen. Auf einem Gitter auskühlen lassen.

❺ Für die Füllung in einer großen Pfanne Birnen- oder Apfelschnitze mit 3 EL Zucker und dem Zitronensaft vermengen. Bei mittlerer Hitze dünsten, bis das Obst gar, aber nicht zu weich ist. In einem Sieb über einer Schüssel abtropfen und auf Zimmertemperatur abkühlen lassen. Blaubeeren, Mehl, die restlichen 6 EL Zucker und, falls gewünscht, Zitronenschale dazugeben und vorsichtig mischen.

❻ Füllung auf den abgekühlten Pieboden geben. Die Streusel-Zutaten in einer Rührschüssel vermengen, dabei die kalte Butter mit den Fingerspitzen einarbeiten, bis grobe Streusel entstehen. Mit den Streuseln bestreuen. Pie backen, bis der Saft blubbert und die Streusel goldbraun sind (etwa 35 Minuten). Nach 20 Minuten die Farbe überprüfen und mit Küchenpapier abdecken, sollte er zu dunkel werden. Auf einem Gitter abkühlen lassen, bis der Pie lauwarm ist.

# Apple Pie Variations

## Variationen vom Apple Pie

Für 1 Pie- oder
Tarte-Form, 23–24 cm ø
oder für 10 Taschen
oder 10 kleine Tartes

200 g Butter, kalt
55 g Pflanzenfett
375 g Mehl
2¼ TL Zucker
1½ TL Salz

1 Eigelb, mit Wasser auf
    180 ml aufgefüllt

5 große geschälte Äpfel oder
    Birnen, entkernt und in
    Scheiben geschnitten*,
    oder eine Mischung aus
    Früchten, vermengt mit
2–3 EL Mehl
    (kommt auf die Früchte an)
50–60 g Zucker
    (kommt auf die Süße der
    Früchte an)
1 TL Zitronensaft

1 Ei mit 1 TL Wasser
    vermischt,
    zum Glasieren

❶ Für einen leichten und blättrigen Teig Butter und Pflanzenfett in kleine Stücke schneiden und in das Gefrierfach legen, während Sie die anderen Zutaten vorbereiten. Mehl, Zucker und Salz in einer großen Schüssel mischen. Mit den Fingerspitzen das kalte Fett einarbeiten, bis das Ganze grob krümelig ist. Kalte Ei-Wasser-Mischung dazugeben und alles mit einer Gabel mischen.

❷ Den Teig auf eine leicht bemehlte Arbeitsfläche geben und möglichst schnell zu einer Scheibe formen, damit das Fett nicht zu weich wird. In Klarsichtfolie gewickelt für etwa 2 Stunden in den Kühlschrank legen. Sie können den Teig auch mehrere Monate einfrieren.

❸ **Großer Apple Pie**: Die Backform **nicht** einbuttern. Ofen auf 205 °C vorheizen. Teig waagerecht halbieren. Die eine Hälfte in den Kühlschrank legen. Die zweite Hälfte auf einer leicht bemehlten Arbeitsfläche 3 mm dick ausrollen. Zügig arbeiten. Ausgerollten Teig in die Backform legen und an den Seiten leicht andrücken. 5 mm Überhang lassen, den Rest abschneiden. Die Ränder mit den Fingerspitzen wellenförmig formen.

❹ Vorbereitete Äpfel auf den Teig geben. Die Form sollte gut gefüllt sein, denn die Früchte neigen dazu, beim Backen zu schrumpfen.

❺ Die andere Hälfte des Teiges auf 2–3 mm ausrollen und über die Füllung legen. Schneiden Sie den Überhang ab, und pressen Sie die Ränder aufeinander. In einem Muster Schlitze, durch die der Dampf entweichen kann, in den Teig schneiden (Bild rechts/oben Mitte).
**oder ...** Sie schneiden den Teig in 2 cm breite Streifen und weben damit ein Gitter über der Füllung (Bild rechts, unten).
**oder ...** Sie stechen Figuren (wie Sterne oder Herzen) aus und legen sie nebeneinander auf die Füllung (Bild rechts, ganz links).

❻ Mit der Eierglasur bestreichen und 15 Minuten bei 205 °C backen, dann die Temperatur auf 185 °C senken. Droht der Pie zu dunkel zu werden, mit Küchenpapier abdecken. Nochmals 20 Minuten backen. Der Pie ist fertig, wenn er goldfarben ist.

**Fruchttaschen-Füllung**:
* Schneiden Sie die Äpfel oder Birnen in Würfel statt in Scheiben.

Für die **Taschen** (rechts): Ofen auf 200 °C vorheizen. Backblech mit Backpapier auslegen. Schritte ❶ – ❷ befolgen. Mit der ersten Hälfte des Teigs arbeiten, während die andere kühlt. Nach dem Ausrollen Rechtecke ausschneiden. Diese auf das Backpapier legen. Auf die eine Seite des Rechtecks etwa 1 EL Füllung geben. Die andere Seite überklappen und an den Rändern zusammendrücken. Mit den Zinken einer Gabel ein Muster in den Saum stanzen. Vor dem Backen mit der Eierglasur bestreichen und 25 Minuten (oder bis sie goldfarben sind) backen. Nach 15 Minuten die Farbe prüfen und mit Küchenpapier bedecken, falls die Taschen zu dunkel werden.

**Möglichkeiten für die Füllung:** Apfel und Brombeere; Birne und Brom- oder Blaubeere; Pfirsich und Himbeere usw. Schälen Sie die Früchte, und wenden Sie sie erst in Mehl, dann in Zucker. Zimt geben Sie nach Belieben dazu. Wenn Sie Beeren verarbeiten, verwenden Sie bis zu 4 EL Mehl und 175 g Zucker (je nachdem, wie süß die Beeren sind).

# Mixed Fruit Crostata

Crostata mit gemischtem Obst

Für 1 Crostata,
ca. 27 cm ø

Boden:
200 g Butter, kalt
225 g Mehl
45 g Polenta
50 g Zucker
abgeriebene Schale von
   1 unbehandelten Zitrone
¾ TL Salz
80 ml Wasser, sehr kalt

Füllung:
15 g Mehl
50 g Zucker
ca. 750 g frisches Obst:
   Suchen Sie sich 3 Sorten
   aus, z.B. Ananas (**nicht** aus
   der Dose), Himbeeren,
   Brombeeren, Äpfel, Birnen,
   Nektarinen.
etwas frisch geriebener
   Ingwer (nach Belieben)

1 Ei, verschlagen
   (zum Glasieren)

❶ Für einen leichten und blättrigen Teig Butter in kleine Stücke schneiden und in das Gefrierfach legen, während Sie die anderen Zutaten vorbereiten. Mehl, Polenta, Zucker, Zitronenschale und Salz in eine große Schüssel geben.

❷ Mit den Fingerspitzen das kalte Fett einarbeiten, bis das Ganze grob krümelig ist. Kaltes Wasser dazugeben und nur so lange mischen, bis so eben ein Teig zusammenkommt. Teig auf eine leicht bemehlte Arbeitsfläche geben und zügig zu einer Scheibe mit einem Durchmesser von 15 cm formen. Das Geheimnis eines mürben Bodens liegt nicht nur in kalter Butter und kaltem Wasser, sondern auch darin, dass der Teig nicht übermäßig bearbeitet wird. Teig in Klarsichtfolie gewickelt für 2 Stunden in den Kühlschrank legen (dort hält er sich mehrere Tage). Der Teig muss vor dem Ausrollen durchgekühlt sein.

❸ In der Zwischenzeit die Früchte in einer großen Schüssel mit Mehl und dann mit Zucker bestreuen, dabei gelegentlich umrühren. Darauf achten, dass die Beeren beim Rühren nicht zerdrückt werden.

❹ Ofen auf 200 °C vorheizen. Den Teig auf einer leicht bemehlten Arbeitsfläche 5 mm dick ausrollen. Einen Kreis von 34 cm Durchmesser ausschneiden. Nudelholz und Arbeitsfläche bemehlt halten, damit der Teig nicht kleben bleibt. Teig auf ein mit Backpapier ausgelegtes Backblech legen.

❺ Früchte (und wenig von dem Saft) in die Mitte des Teigkreises geben. Zu den Seiten 3–4 cm frei lassen. Den Teigrand anheben und im Abstand von ca. 6 cm zu einem vertikalen Saum drücken. Ringsum formen Sie einen stehenden Rand und klappen ihn ein wenig über die Früchte. Den Rand mit Eiglasur bestreichen.

❻ Backen, bis der Rand goldfarben ist und die Früchtefüllung blubbert (etwa 35 Minuten). Nach 20 Minuten die Farbe prüfen und die Crostata mit Küchenpapier bedecken, falls sie zu dunkel wird. Crostata zum Auskühlen auf ein Gitter setzen.

Warm oder bei Zimmertemperatur mit Eiscreme oder Schlagsahne servieren.

# Savory Crostata

## Herzhafte Crostata

*Für 1 Crostata, ca. 27 cm ø*

**Boden:**
200 g Butter, kalt
225 g Mehl
55 g Polenta
20 g Zucker
¾ TL Salz
80 ml eiskaltes Wasser

**Füllung:**
rote und gelbe Paprika, in Streifen
1 große Zwiebel, dünn geschnitten
1–2 Zehen Knoblauch, zerdrückt
1 Zucchini oder Aubergine, in Scheiben
2 EL Olivenöl
etwas Meersalz
125 g schwere Kugel Büffelmozzarella
eine Handvoll geriebener Parmesan
100 g Bel Paese, in Scheiben
frische Kräuter, fein gehackt
geröstete Pinienkerne (nach Belieben)
1 Ei, verschlagen (zum Glasieren)

❶ Für einen leichten und blättrigen Teig Butter in kleine Stücke schneiden und in das Gefrierfach legen, während Sie die anderen Zutaten vorbereiten. Mehl, Polenta, Zucker und Salz in eine große Schüssel geben.

❷ Mit den Fingerspitzen das kalte Fett einarbeiten, bis das Ganze grob krümelig ist. Kaltes Wasser dazugeben und nur so lange mischen, bis so eben ein Teig zusammenkommt. Teig auf eine leicht bemehlte Arbeitsfläche geben und zügig zu einer Scheibe mit einem Durchmesser von 15 cm formen. Das Geheimnis eines mürben Bodens liegt nicht nur in kalter Butter und kaltem Wasser, sondern auch darin, dass der Teig nicht übermäßig bearbeitet wird. Teig in Klarsichtfolie gewickelt für 2 Stunden in den Kühlschrank legen (dort hält er sich mehrere Tage). Der Teig muss vor dem Ausrollen durchgekühlt sein.

❸ Das Gemüse für die Füllung zubereiten. Ofen auf 200 °C vorheizen. Das klein geschnittene Gemüse auf einem Backblech verteilen. Mit 2 EL Olivenöl beträufeln und mit Meersalz bestreuen. 25 Minuten im Ofen rösten. Abkühlen lassen, dann die Flüssigkeit abgießen. Wenn Sie Pinienkerne zur Hand haben, rösten Sie sie leicht (ohne Öl) in einer Pfanne und lassen sie abkühlen.

❹ Teig auf der leicht bemehlten Arbeitsfläche 5 mm dick ausrollen. Eine Scheibe mit einem Durchmesser von 34 cm ausschneiden, auf ein mit Backpapier ausgelegtes Backblech legen.

❺ Mit geriebenem Parmesan bestreuen. Gemüse in die Mitte geben. Zu den Seiten 3-4 cm frei lassen. Den Bel Paese in Scheiben darauf anordnen, darüber frische Kräuter und geröstete Pinienkerne streuen. Stückchen vom Mozzarella abzupfen und gleichmäßig verteilen. Den Teigrand anheben und im Abstand von ca. 6 cm zu einem vertikalen Saum drücken. Ringsum formen Sie einen stehenden Rand und klappen ihn ein wenig über die Füllung. Den Rand mit Eiglasur bestreichen.

❻ Backen, bis Teig und Füllung goldfarben sind (etwa 35 Minuten). Nach 20 Minuten die Farbe begutachten und die Crostata mit Küchenpapier bedecken, falls sie zu dunkel wird. Crostata zum Auskühlen auf ein Gitter setzen. Warm oder bei Zimmertemperatur mit Salat und einem Glas Wein servieren.

# Crisp

Streuselkuchen ohne Boden

In Deutschland nennt man sie Streuselkuchen ohne Boden. Mir gefällt Crisp, denn das klingt so, wie es schmeckt.

Für 1 rechteckige Backform, 24 x 32 cm

Streusel:
105 g Mehl
90 g grobe Polenta
80 g Haferflocken oder Nüsse
90 g Muskovado-Zucker
1 Prise Salz
½ TL Zimt
125 g Butter, kalt

Füllung:
6 Äpfel, Pfirsiche oder Birnen
500 g Kirschen, Brombeeren oder Blaubeeren
45 g Mehl
120 g Zucker

❶ Ofen auf 200 °C vorheizen. Das Ausbuttern der Form ist unnötig!

❷ **Streusel:** Mehl, Polenta, Haferflocken oder Nüsse, Zucker, Salz und Zimt in einer großen Schüssel mischen. Geben Sie die kalte Butter (je kälter, desto besser) dazu, und arbeiten Sie sie mit den Fingerspitzen ein. Behutsam vorgehen, damit die Butter nicht weich wird oder schmilzt. Weniger ist mehr!

❸ **Füllung:** Die Früchte schälen und in eine große Schüssel schneiden (Pfirsiche dazu vorher 1 Minute in kochendem Wasser blanchieren).

❹ Die Beeren dazugeben und sanft Mehl und Zucker untermischen. Darauf achten, dass die Früchte nicht zerquetscht werden. Verwenden Sie am besten Ihre Hände, da ein Holzlöffel zu grob ist.

❺ Vorbereitete Früchte in die Backform geben und mit den Streuseln bedecken.

❻ Etwa 25 Minuten backen, bis die Füllung blubbert und alles goldbraun ist. Schmeckt auch warm großartig, vor allem mit Vanille-Eis!

# Fruit Cobbler

## Gedeckter Obstauflauf

Für 1 rechteckige Backform, 24 x 32 cm

**Füllung:**
- 50–100 g Zucker (kommt auf die Süße der Früchte an)
- 1 EL Maisstärke
- 750 g gemischte Früchte (Sie dürfen nach Lust und Laune wählen: Pfirsiche*, Äpfel*, Birnen*, Kirschen, Blaubeeren, Brombeeren etc.) *diese Früchte schälen, entkernen und in Scheiben schneiden
- 1 EL Zitronensaft

**Teig:**
- 140 g Mehl
- 3 EL plus 1 TL Zucker
- 1 TL Backpulver
- ½ TL Natron
- ¼ TL Salz
- 45 g Butter, kalt, gewürfelt
- 165 ml Buttermilch

Traditionell heißt dieses Gebäck »Cobbler«, weil es an Kopfsteinpflaster erinnert. Im Gegensatz zu einem Pie befindet sich das Obst immer unter dem Teig. Wenn das Obst beim Backen viel Flüssigkeit abgibt, bleibt der Teig perfekt, weil er auf dem Obst sitzt.

❶ Ofen auf 180 °C vorheizen. Für die Füllung in einer Schüssel Zucker mit Stärke vermengen. Früchte und Zitronensaft dazugeben und mischen. Füllung in die Backform geben.

❷ Für den Teig in einer großen Schüssel Mehl, 3 EL Zucker, Backpulver, Natron und Salz mischen. Mit den Fingerspitzen die Butter einarbeiten, bis die Mischung grob krümelig ist. Buttermilch hinzufügen und rühren, bis gerade so ein Teig zusammenkommt. Teig in sechs großen Klecksen auf die Früchte tropfen lassen. Kleckse mit dem restlichen TL Zucker bestreuen.

❸ Auf einem Backblech backen, um eventuell anfallenden Saft aufzufangen, bis der Biskuit goldbraun ist (35–45 Minuten). 15 Minuten abkühlen lassen und warm servieren.

# Fruit Frangipane Tarte

## Obsttarte mit Mandelcreme

Für 1 große Tarte-Form,
23–24 cm ø
oder für 6 kleine Tartes,
10 cm ø

Teig:
100 g Butter, kalt
60 g Pflanzenfett, kalt
210 g Mehl
½ TL Salz
1 EL Zucker
75 ml eiskaltes Wasser

Frangipane:
65 g weiche Butter
65 g Zucker
1 Ei
100 g geschälte Mandeln,
 fein gemahlen
abgeriebene Schale von
 1 unbehandelten Zitrone
 oder Orange
3 EL Milch oder Sahne
2 TL Mehl
1 Apfel, 1 Birne oder eine
 andere Frucht der Saison,
 in feinen Scheiben
2–3 EL Aprikosenkonfitüre
 zum Bestreichen

❶ Für einen leichten und blättrigen Teig Butter in kleine Stücke schneiden und in das Gefrierfach legen, während Sie die anderen Zutaten vorbereiten.

❷ Mehl, Salz und Zucker in eine große Schüssel geben.

❸ Butter und Pflanzenfett zur Mehlmischung geben. Mit den Fingerspitzen die Butter einarbeiten, bis die Mischung grob krümelig ist. Das Wasser bis auf 1 EL dazugeben und kurz mit einer Gabel vermengen, bis gerade so ein Teig zusammenkommt. Falls nötig, den Rest des Wassers dazugeben. Damit die Butter nicht zu weich wird, den Teig auf einer leicht bemehlten Arbeits-fläche möglichst rasch zu einer 2 cm dicken Scheibe formen. In Klarsichtfolie wickeln und für etwa 2 Stunden in den Kühlschrank legen (der Teig hält sich dort maximal 2 Tage). Der Teig muss durchgekühlt sein, damit er sich gut ausrollen lässt.

❹ **Füllung**: Mit einem Handmixer Butter und Zucker cremig schlagen. Ei dazugeben und gut verschlagen. Mandeln, Zitrusschale, Milch oder Sahne untermischen. Behutsam das Mehl unterrühren.

❺ Ofen auf 195 °C vorheizen. Teig auf leicht bemehlter Arbeitsfläche auf 3 mm Dicke ausrollen. Dabei das Nudelholz und die Arbeitsfläche bemehlen, damit der Teig nicht kleben bleibt.

❻ Den ausgerollten Teig in die große Tarte-Form geben und leicht an den Seiten andrücken oder einzelne Kreise für die kleineren Tarteformen ausschneiden. Dabei darauf achten, dass etwa 1 cm Überhang bleibt. Mit den Fingerspitzen gewellte Ränder formen. Die Tarte(s) mit der Frangipane füllen und die Obstscheiben in einem Muster darauf anordnen. Nach Belieben mit Zucker bestreuen.

❼ **Die große Tarte** 35 Minuten lang backen. Nach 20 Minuten nachsehen. Sollte die Kruste oder die Füllung zu dunkel werden, die Tarte für die restliche Backzeit mit Küchenpapier bedecken. **Kleine Tartes** schon nach 15 Minuten begutachten. Die Tarte ist fertig, wenn sie goldbraun ist.

❽ Sobald die Tarte leicht abgekühlt ist, die Obstscheiben mit Aprikosenkonfitüre bestreichen, das verleiht ihnen einen wunderbaren Glanz.

# Mississippi Mud Pie

Schokoladen-Torte aus Mississippi

Für 1 Backform,
23–24 cm ø

Boden:
450 g Schokokekse
oder eine Mischung
aus Zwieback und
Schokokeksen
2 EL ungesüßter Kakao
75 g zerlassene Butter

Schokoladenkuchen
ohne Mehl:
60 g Butter
200 g Zartbitter-
schokolade, gehackt
1 TL Instant-Espressopulver
1 EL Vanilleextrakt
6 Eier, getrennt
1 Prise Salz
200 g Zucker

Schokoladenpudding:
100 g Zucker
40 g ungesüßter Kakao
20 g Maisstärke
1 Prise Salz
3 Eigelb
400 ml Milch
30 g Butter
150 g Zartbitterschokolade,
fein gehackt

❶ **Boden:** Ofen auf 150 °C vorheizen. Eine Backform mit 23 cm Durchmesser leicht ausbuttern.

❷ Die Kekse in einer Küchenmaschine fein mahlen. Brösel in eine Schüssel geben und Kakao hinzufügen. Zerlassene Butter untermischen, bis alles gut vermischt ist.

❸ Diese Mischung gleichmäßig auf Boden und Seiten der Springform verteilen und andrücken. Am oberen Rand etwa 1 cm frei lassen.

❹ Boden 10 Minuten ins Gefrierfach stellen. Dann 10 Minuten backen. Auf einem Gitter auskühlen lassen.

❺ **Schokoladenkuchen ohne Mehl:** Ofentemperatur auf 180 °C erhöhen. In einem Wasserbad Butter und Schokolade schmelzen. Espressopulver und Vanilleextrakt dazugeben. Abkühlen lassen.

❻ Eigelb mit 100 g Zucker etwa 5 Minuten lang verschlagen, bis es ganz hell ist und sich sein Volumen fast verdoppelt hat. Abgekühlte Schokolade hinzufügen und schlagen, bis sich alles vermischt hat.

❼ In einer sauberen Schüssel (vorher mit Essig und Salz ausgewischt) Eiweiß schaumig schlagen. Eine Prise Salz hinzufügen. Langsam die Geschwindigkeit erhöhen und die übrigen 100 g Zucker hinzufügen; dabei schlagen, bis sich weiche Spitzen bilden.

❽ Ein Drittel der Eiweißmasse mit einem Teigschaber vorsichtig unter die Schokolade heben. Die restliche Eiweißmasse dazugeben und weiter unterheben, bis alles fast vollständig vermischt ist. Mit Umsicht vorgehen, damit die Masse nicht zusammenfällt.

❾ Über den abgekühlten Boden geben und etwa 35 Minuten backen, bis die Masse sich gesetzt hat, aber noch leicht wackelt. Das ist richtig so! Den Kuchen ganz auskühlen lassen, dabei wird er in der Mitte in sich zusammenfallen. Für mindestens 3 Stunden oder über Nacht in den Kühlschrank stellen.

❿ **Schokoladenpudding:** In einem Topf Zucker, Kakao, Maisstärke und Salz mischen. Eigelb hinzufügen und verrühren, bis alles vermischt ist. Unter ständigem Rühren langsam die Milch dazugießen.

⓫ Zum Köcheln bringen. Dabei ständig rühren, damit nichts ansetzt.

30 Sekunden (!), bis die Masse dick wird. In eine Schüssel geben und etwas abkühlen lassen.

⓬ Butter und Vanille zum heißen Pudding hinzufügen. Bei Zimmertemperatur 15 Minuten stehen lassen. Ein Stück Klarsichtfolie direkt auf die Oberfläche des Puddings pressen, damit sich keine Haut bildet. Für mindestens 3 Stunden in den Kühlschrank stellen.

⓭ Jetzt die **Torte zusammensetzen:** Pudding umrühren. Auf dem Kuchen verteilen, dabei innerhalb der äußeren Kruste bleiben. Für mindestens 30 Minuten kalt stellen. Mit frischer Schlagsahne servieren, wenn gewünscht.

# Coconut Cream Meringue Pie

Kokoscreme-Pie mit Baiser

Für 1 Pie-Form,
23–24 cm ø

65 g Butter, kalt
25 g Pflanzenfett, kalt

140 g Mehl
30 g Stärke
¼ TL Salz
40 g Zucker
60 ml Wasser, eiskalt

Ganache:
100 g Zarbitterschokolade,
    fein gehackt
60 ml Sahne, heiß
25 g Butter, weich

Füllung:
200 ml Vollmilch
200 ml Kokosmilch
60 g Zucker
3 Eigelb
30 g Maisstärke

1 TL Vanilleextrakt
20 g Kokosraspeln

Baiser:
5 Eiweiß,
    Zimmertemperatur
125 g Zucker

❶ Für einen leichten und blättrigen Teig Butter und Pflanzenfett in kleine Stücke schneiden und in das Gefrierfach legen, während Sie die anderen Zutaten vorbereiten.

❷ Mehl, Stärke, Salz und Zucker in einer Schüssel mischen. Mit den Fingerspitzen die Butter einarbeiten, bis die Mischung grob krümelig ist. Kaltes Wasser dazugeben und nur so lange mischen, bis der Teig gerade so zusammenkommt.

❸ Den Teig auf eine leicht bemehlte Arbeitsfläche geben und möglichst schnell zu einer Scheibe formen, damit das Fett nicht zu weich wird. In Klarsichtfolie gewickelt für mindestens 2 Stunden (oder mehrere Tage) in den Kühlschrank legen. Sie können den Teig auch mehrere Monate lang einfrieren.

❹ Ofen auf 200 °C vorheizen. Auf einer leicht bemehlten Arbeitsfläche den Teig auf 2–3 mm ausrollen. Nudelholz und Arbeitsfläche bemehlt halten, damit der Teig weder am einen noch am anderen kleben bleibt. Zügig arbeiten.

❺ Den Boden blindbacken: Ausgerollten Teig in die Backform legen and sanft an den Seiten andrücken. Überhang bis auf 5 mm abschneiden. Mit den Fingern die Ränder wellenförmig formen und mit den Zinken einer Gabel Boden und Seiten einstechen. Alufolie über den Teig legen und mit trockenen Hülsenfrüchten beschweren. Das verhindert, dass der Teig sich zusammenzieht oder aufbläht. 10 Minuten lang backen, dann die Alufolie entfernen, Boden und Seiten abermals einstechen und weitere 10 Minuten backen. Auf einem Gitter auskühlen lassen.

❻ **Ganache**: Gehackte Schokolade in eine Schüssel geben. Kochende Sahne darübergießen. Mit einem Schneebesen glatt rühren, bis sich die Schokolade ganz aufgelöst hat. Die Butter unterrühren. Auf den vorgebackenen Boden verteilen, 1 Stunde kaltstellen.

❼ **Füllung**: Vollmilch, Kokosmilch und Zucker in einem Topf miteinander verrühren. Zum Köcheln bringen. Eigelb verschlagen. Etwas von der heißen Milch zum Eigelb geben, um es anzuwärmen. Dann das Eigelb in die heiße Milchmischung rühren. Maisstärke in einer kleinen Schüssel in der restlichen Milch auflösen und unter die Milchmischung rühren. Flüssigkeit fast zum Kochen bringen, auf ein Köcheln reduzieren und ununterbrochen weiterrühren, bis die Füllung dick wird (das dauert etwa 4 bis 6 Minuten).

❽ Vanilleextrakt und Kokosraspeln unterheben. Die Flüssigkeit zum Abkühlen in eine Metallschüssel gießen, die in einer größeren, mit Eiswürfeln gefüllten Schüssel sitzt, und 30 Minuten lang kühlen. Anschließend die Füllung gleichmäßig auf dem vorgebackenen Boden verteilen.

❾ **Baiser:** Ofen auf 195 °C vorheizen. Das Eiweiß schlagen (vorher Schüssel und Rührbesen mit Essig und Salz abwischen). Wenn sich im Eiweiß weiche Spitzen bilden, die restlichen 50 g Zucker unterschlagen und weiterschlagen, bis das Eiweiß ganz steif ist. Das Eiweiß über der Füllung verstreichen, dass es bis an die Seiten heranreicht und sie berührt.

❿ Pie für 3–4 Minuten in den Ofen stellen, bis das Baiser goldbraun ist.

# Cakes & Cheesecakes

Barcomi's ist berühmt für seine leckeren Kuchen – und bald können Sie es sein. In diesem Kapitel finden Sie Kuchen für jeden Anlass in den verschiedensten Größen – suchen Sie sich den passenden aus. Mein Tipp vorweg: Backen Sie Cheesecakes immer im Wasserbad, so bleiben sie samtig und cremig und trocknen nicht aus.

In diesem Kapitel finden Sie auch viele neue Frostings und Buttercremes. Also, suchen Sie sich einen Anlass: Let's bake!

# Chocolate Fudge Cake

## Schokoladen-Creme-Torte

---

**Für 1 Torte, 23–24 cm ø, mit zwei Böden**

- 50 g Zartbitterschokolade
- 250 ml kochendes Wasser
- 75 g ungesüßtes Kakaopulver
- 135 g Mehl
- 85 g Kartoffelstärke
- 1½ TL Natron
- ½ TL Backpulver
- ¾ TL Salz
- 185 g Zucker
- 110 ml Pflanzenöl
- 2 Eier
- 2 TL Vanilleextrakt
- 150 ml Buttermilch

Frosting:
- 235 g Butter, weich
- 235 g Puderzucker, gesiebt
- 1 EL Sahne
- 180 g Zartbitter- oder Milchschokolade

---

**Für 1 Torte, 23–24 cm ø, mit drei Böden**

- 75 g Zartbitterschokolade
- 375 ml kochendes Wasser
- 100 g ungesüßtes Kakaopulver
- 200 g Mehl
- 130 g Kartoffelstärke
- 2¼ TL Natron
- ¾ TL Backpulver
- 1 TL Salz
- 275 g Zucker
- 165 ml Pflanzenöl
- 3 Eier
- 1 EL Vanilleextrakt
- 230 ml Buttermilch

Frosting:
- 325 g Butter, weich
- 325 g Puderzucker, gesiebt
- 2 EL Sahne
- 270 g Zartbitter- oder Milchschokolade

---

❶ Ofen auf 180 °C vorheizen. Zwei bzw. drei runde Backformen mit einem Durchmesser von 23 cm ausbuttern.

❷ In einer Schüssel Zartbitterschokolade mit kochendem Wasser mischen. Stehen lassen und gelegentlich umrühren, bis sich die Schokolade ganz aufgelöst hat. Kakaopulver dazugeben und glattrühren. Abkühlen lassen.

❸ Mehl, Stärke, Natron, Backpulver, Salz und Zucker in eine Schüssel sieben. In einer zweiten großen Schüssel mit dem Öl verschlagen. Eier nacheinander hinzufügen und mehrere Minuten weiterschlagen, bis alles gut vermischt ist. Vanilleextrakt, Buttermilch und die abgekühlte Schokomischung in die Eiermasse geben und verschlagen. Mit einem Holzlöffel oder Teigschaber die Mehl-Backpulver-Mischung sorgfältig unterrühren, bis alles gut verbunden ist.

❹ Teig gleichmäßig in den vorbereiteten Backformen verteilen und 30 Minuten backen.

❺ **Frosting**: Mit einem Handmixer oder einer Küchenmaschine die Butter cremig schlagen. Gesiebten Puderzucker dazugeben und weiterschlagen, bis die Crème gut vermischt ist, dann Sahne und geschmolzene Schokolade unterschlagen. Die Schokolade nicht zu lange schlagen, da sie sonst zu hell wird.

❻ Jetzt mit einem Metallspieß oder Zahnstocher den Gartest machen. Die Kuchen aus dem Ofen nehmen, nach 10 Minuten zum Abkühlen aus den Backformen nehmen und auf ein Gitter setzen. Vor dem Füllen und Bestreichen vollständig auskühlen lassen.

❼ Zum Zusammensetzen mit einem Sägemesser die Rundung aller Böden glatt schneiden. Die Böden waagerecht halbieren. Einen Boden mit Frosting bestreichen, die zweite Hälfte draufsetzen. Auch mit Frosting bestreichen. Genau so mit den anderen Hälften verfahren. Verteilen Sie das Frosting ringsum an den Seiten und anschließend auf der Oberfläche.

# White Cake with Swiss Meringue Buttercream

Vanille-Biskuit mit Baiser-Buttercreme

Für 1 Torte,
15–16 cm ø,
mit zwei Böden

170 g Mehl
45 g Stärke
1 ¾ TL Backpulver
¼ TL Salz
180 ml Vollmilch
50 g Butter
3 Eier
245 g Zucker
1 ½ TL Vanilleextrakt

Buttercreme:
(Sie brauchen ein Wasserbad
und ein Thermometer)

3 Eiweiß
150 g Zucker
375 g weiche Butter
¾ TL Vanilleextrakt

Buttercreme-Varianten:

75 g Zartbitter-
 schokolade,
 geschmolzen
 und abgekühlt
75 ml Limetten-
 creme
 (Seite 128)
oder Orangencreme
 (Seite 124)

Für 1 Torte,
23–24 cm ø,
mit zwei Böden

280 g Mehl
70 g Stärke
2 ½ TL Backpulver
½ TL Salz
275 ml Vollmilch
75 g Butter
4 Eier
380 g Zucker
2 TL Vanilleextrakt

4 Eiweiß
200 g Zucker
500 g weiche Butter
1 TL Vanilleextrakt

100 g Zartbitter-
 schokolade,
 geschmolzen
 und abgekühlt
100 ml Limetten-
 creme
 (Seite 128)
oder Orangencreme
 (Seite 124)

❶ Ofen auf 170 °C vorheizen. Zwei Backformen gleicher Größe ausbuttern und einmehlen. In eine Schüssel Mehl, Stärke, Backpulver und Salz sieben. In einem Topf Milch und Butter über kleiner Flamme nur so lange erhitzen, bis die Butter geschmolzen ist.

❷ In einer Schüssel die Eier 4 Minuten schlagen, um einen lockeren Kuchen zu erhalten. Zucker hinzufügen und weitere 4–5 Minuten schlagen, bis die Masse hell und fluffig ist. Vanilleextrakt kurz einrühren. Trockene Zutaten hinzufügen und untermischen, bis die Masse gerade so vermengt ist. Warme Milch und Butter dazugeben und rühren, bis gerade so ein Teig zusammenkommt. Auf keinen Fall zu viel rühren. Der Teig wird sehr flüssig sein – und das ist gut so.

❸ Gleichmäßig auf die Backformen verteilen. 35 Minuten backen. Mit einem Metallspieß oder Zahnstocher den Gartest machen. 10 Minuten abkühlen lassen, dann auf Kuchengitter stürzen und vollständig auskühlen lassen.

❹ **Buttercreme:** In einem Wasserbad (obere Schüssel vorher mit Essig und Salz auswischen!) Zucker und Eiweiß 5–7 Minuten aufschlagen, bis sie eine Temperatur von 72°C erreicht haben. Die Schüssel aus dem Wasserbad nehmen und bei hoher Geschwindigkeit 6–8 Minuten weiterschlagen. Auf mittlere Stufe schalten und die weiche Butter esslöffelweise hineinschlagen. Zum Schluss die Vanille unterschlagen (und eventuell eine der Buttercreme-Varianten).

❺ Zum Zusammensetzen der Torte die Rundungen beider Böden mit einem Sägemesser glatt schneiden. Beide Böden waagerecht halbieren. Einen Boden mit Buttercreme bestreichen und die zweite Hälfte draufsetzen. Auch mit Buttercreme bestreichen und genauso mit den beiden anderen Hälften verfahren. Mit kreisenden Bewegungen die Oberfläche und die Seiten des Kuchens mit Buttercreme bedecken.

# Chocolate Cake with Raspberry Ganache

Schokokuchen mit Himbeer-Ganache

| Für 1 Torte, 15 cm ø, mit zwei Böden | Für 1 Torte, 23 cm ø, mit zwei Böden |
|---|---|
| 90 g ungesüßter Kakao + 1 EL zum Bestäuben der Backform | 120 g ungesüßter Kakao + 1 EL zum Bestäuben der Backform |
| 135 ml starker Kaffee oder heißes Wasser | 180 ml starker Kaffee oder heißes Wasser |
| 185 ml Vollmilch, Zimmertemperatur | 250 ml Vollmilch, Zimmertemperatur |
| 210 g Mehl | 280 g Mehl |
| 95 g Stärke | 130 g Stärke |
| ¾ TL Natron | 1 TL Natron |
| ¼ TL Salz | ½ TL Salz |
| 225 g Butter, Zimmertemperatur | 300 g Butter, Zimmertemperatur |
| 225 g Zucker | 300 g Zucker |
| 2¼ TL Vanilleextrakt | 1 EL Vanilleextrakt |
| 3 Eier, Zimmertemperatur | 4 Eier, Zimmertemperatur |

Himbeerpüree (ca. 250 ml):
500 g gefrorene Himbeeren, ungesüßt
75 g Zucker

| Himbeer-Ganache: | |
|---|---|
| 260 g Zartbitterschokolade, gehackt | 350 g Zartbitterschokolade, gehackt |
| 60 g weiße Schokolade, gehackt | 85 g weiße Schokolade, gehackt |
| 185 ml kochende Sahne | 250 ml kochende Sahne |
| 95 ml Himbeerpüree | 125 ml Himbeerpüree |

❶ Ofen auf 180 °C vorheizen. Zwei Backformen ausbuttern und mit Kakao bestäuben. Kakao und heißen Kaffee (oder Wasser) und Milch mischen. Abkühlen lassen. In einer Schüssel Mehl, Stärke, Natron und Salz vermengen.

❷ Mit der Küchenmaschine oder einem Handmixer die Butter schlagen. Erst Zucker und Vanille unterschlagen, dann die Eier nacheinander folgen lassen. Gut verschlagen. Abgekühlte Kakaomischung dazugeben und untermischen.

❸ Mit einem Holzlöffel oder Teigschaber die Mehlmischung nur so lange in die Kakaomischung rühren, bis gerade so ein Teig zusammenkommt. Teig gleichmäßig in die Backformen verteilen. 45 Minuten backen. Mit einem Metallspieß oder Zahnstocher den Gartest machen.

❹ 10 Minuten abkühlen lassen, dann auf Kuchengitter stürzen und vollständig auskühlen lassen.

❺ **Himbeerpüree:** Zutaten etwa 15 Minuten kochen. Über einer Schüssel in ein feinmaschiges Sieb gießen, um den Saft aufzufangen. Himbeeren passieren, damit keine Kerne ins Püree gelangen.

❻ **Himbeer-Ganache:** Gehackte Schokolade in eine Schüssel geben. Kochende Sahne darübergießen. Mit einem Schneebesen glatt rühren, bis sich die Schokolade ganz aufgelöst hat. Die Hälfte des Himbeerpürees dazugeben, abkühlen lassen und 2 Stunden kalt stellen.

❼ Die Rundungen beider Tortenböden mit einem Sägemesser glatt schneiden. Beide Böden waagerecht halbieren (Bild 1). Einen Boden mit Himbeer-Püree bestreichen, die zweite Hälfte draufsetzen, mit Ganache bestreichen (Bild 2), genauso mit den beiden anderen Hälften verfahren. Mit kreisenden Bewegungen die Oberfläche und die Seiten des Kuchens mit Ganache bedecken (Bild 3).

# Marble Cake

## Marmorkuchen

Einer unserer Bestseller bei Barcomi's... deeeeeeelicious!

**Für 1 Kastenform, 11 x 29 cm oder für 1 Torte, 15–16 cm ø, mit zwei Böden**

- 240 g Mehl
- 60 g Stärke
- 2¼ TL Backpulver
- ½ TL Salz
- 235 g Zucker
- 3 Eier, Zimmertemperatur
- 1¼ TL Vanilleextrakt
- 190 ml Buttermilch
- 45 g ungesüßtes Kakaopulver
- 90 ml kochendes Wasser
- 150 g weiche Butter

Schokoladen-Frosting:
- 150 g Zartbitterschokolade
- 175 g weiche Butter
- 175 g Puderzucker

**Für 1 Torte, 23–24 cm ø, mit zwei Böden**

- 375 g Mehl
- 90 g Stärke
- 3½ TL Backpulver
- 1 TL Salz
- 360 g Zucker
- 5 Eier, Zimmertemperatur
- 2 TL Vanilleextrakt
- 290 ml Buttermilch
- 70 g ungesüßtes Kakaopulver
- 135 ml kochendes Wasser
- 225 g weiche Butter

Schokoladen-Frosting:
- 200 g Zartbitterschokolade
- 250 g weiche Butter
- 250 g Puderzucker

❶ Ofen auf 180 °C vorheizen. Backform(en) ausbuttern, mit Mehl bestäuben. In einer Schüssel Mehl, Stärke, Backpulver, Salz und Zucker vermengen. In einem Messbecher Eier mit Vanille und Buttermilch verquirlen. Kakao mit Wasser glatt rühren, bis alle Klümpchen aufgelöst sind.

❷ Weiche Butter in die Mehl-Backpulver-Mischung schneiden. Mit den Fingerspitzen die Butter ins Mehl einarbeiten, bis die Mischung grob krümelig ist.

❸ Mit einem Holzlöffel oder Teigschaber die Eier-Milch-Mischung zur Butter-Mehl-Mischung geben. Nicht übermäßig mischen. Zwei Drittel Teig zur Seite stellen, ein Drittel mit der Kakaomischung verrühren.

❹ Beide Teige in die vorbereitete Backform füllen, dabei abwechselnd Löffel voller Schokoladen- oder Vanillemasse einfüllen. Um einen Marmorierungseffekt zu erzeugen, fahren Sie mit einem Essstäbchen oder einem Messer in kreisenden Bewegungen durch die Teige, ohne sie übermäßig zu mischen.

❺ 45–50 Minuten backen. Mit einem Metallspieß oder Zahnstocher den Gartest machen. 10 Minuten abkühlen lassen, dann auf Kuchengitter stürzen und vollständig auskühlen lassen.

❻ **Schokoladen-Frosting**: In einem Wasserbad Schokolade schmelzen. Abkühlen lassen. Die Butter in einer Schüssel mit einer Küchenmaschine oder einem Handmixer fluffig schlagen. Den Puderzucker dazugeben, einige Minuten weiterschlagen. Die abgekühlte Schokolade hinzufügen und mischen, bis die Masse gerade so vermengt ist. Wenn Sie zu lange mixen, wird sie zu hell.

❼ Wenn der Kuchen abgekühlt ist, an den Seiten (und bei einer Torte auch zwischen den Böden) mit dem Frosting bestreichen (siehe Fotos S. 116).

# White Chocolate Cake with Maple Buttercream

Weißer Schokoladenkuchen mit Ahornsirup-Buttercreme

---

Für 1 Torte,
15–16 cm ø, mit
zwei Böden

120 g weiße Schokolade

140 g Mehl
60 g Stärke
160 g Zucker
3 TL Backpulver
½ TL Salz
3 Eiweiß
170 ml Milch
1 TL Vanilleextrakt

90 g weiche Butter

Buttercreme:
3 Eigelb
75 g Zucker
85 g Ahornsirup
250 g weiche Butter

Buttercreme-Varianten:
100 g Zartbitterschokolade,
 geschmolzen und abgekühlt
1 EL Instant-Espressopulver,
 in 1 TL kochendem Wasser
 aufgelöst und abgekühlt
100 ml Limettencreme
 (Seite 128) oder
 Orangencreme (Seite 124)

❶ Weiße Schokolade in einem Wasserbad schmelzen. Abkühlen lassen. Ofen auf 180 °C vorheizen. Zwei runde Backformen ausbuttern.

❷ Mehl, Stärke, Zucker, Backpulver und Salz in eine Schüssel geben. Eiweiß, Milch und Vanilleextrakt verquirlen.

❸ Weiche Butter in die trockenen Zutaten schneiden. Mit den Fingerspitzen die Butter ins Mehl einarbeiten, bis die Mischung grob krümelig ist. Mit Küchenmaschine oder Handmixer Eiweißmischung hinzufügen und 2 Minuten rühren, bis alles vermischt ist. Behutsam die weiße Schokolade einrühren.

❹ Teig gleichmäßig auf beide Formen verteilen. 21 Minuten backen. Mit einem Metallspieß oder Zahnstocher den Gartest machen. 10 Minuten abkühlen lassen, dann die Böden auf Kuchengitter stürzen und vollständig auskühlen lassen.

❺ **Buttercreme:** Eigelbe mit einer Küchenmaschine mit Rührbesen oder mit einem Handmixer 5 Minuten lang schlagen, bis sie ganz hell und dick sind.

❻ Ahornsirup und Zucker in einem kleinen Topf zum Kochen bringen, bis eine Temperatur von 115 °C erreicht ist. In einen Messbecher abgießen. Den Sirup nach und nach zum Eigelb geben, nach jeder Portion gut verschlagen. Wenn der ganze Sirup untergerührt ist, die Masse schlagen, bis sie kühl ist.

❼ Die Butter (sie muss Zimmertemperatur haben!) esslöffelweise hineinschlagen. Achtung: Wenn die Butter zu kalt ist, gerinnt die Masse. Sollte das passieren, geben Sie sehr weiche Butter dazu, und schlagen Sie weiter.

❽ Zum Zusammensetzen der Torte die Rundungen beider Böden mit einem Sägemesser glatt schneiden. Beide Böden waagerecht halbieren. Einen Boden mit Buttercreme bestreichen, die zweite Hälfte daraufsetzen, mit Buttercreme bestreichen und genauso mit den beiden anderen Hälften verfahren. Mit kreisenden Bewegungen die Oberfläche und die Seiten des Kuchens mit Buttercreme bedecken.

# Almond Orange Cake

## Mandel-Orangen-Kuchen

Ich möchte Sie verkuppeln. Sollten Sie also gerade auf der Suche nach einem Kuchen sein, der mit der Zeit immer besser wird, auch ungeschmückt glänzt und unbeschadet in andere Wohnzimmer oder zu Picknicks reisen kann, dann sind Sie hier am Ziel Ihrer Träume. Und wenn Sie auch noch das Glück haben, dass der Kuchen einige Tage ungenascht übersteht, werden Sie vollends verstehen, was ich meine. Die Orangen sind eher subtil und verführerisch. Die Mandeln geben dem Biskuit eine perfekte, saftige Konsistenz. Vergessen Sie die Schlagsahne – dieser Kuchen ist so, wie er ist, einsame Spitze!

Für 1 Gugelhupfform, 23–24 cm ⌀

- 180 g Mehl
- 40 g Stärke
- 50 g Mandeln, gemahlen
- abgeriebene Schale von 1 unbehandelten Orange
- 250 g Zucker
- ¾ TL Backpulver
- ¾ TL Natron
- ¾ TL Salz

- 200 g saure Sahne
- 2 Eier
- Saft von 1 Orange
- 1 TL Vanilleextrakt

- 220 g weiche Butter

- Puderzucker (zum Bestäuben)

❶ Ofen auf 175 °C vorheizen. Die Gugelhupfform ausbuttern. In einer Schüssel Mehl, Stärke, Mandeln, Orangenschale, Zucker, Backpulver, Natron und Salz mischen. 50 ml saure Sahne mit Eiern, Orangensaft und Vanille verquirlen.

❷ Weiche Butter in die trockenen Zutaten schneiden. Mit den Fingerspitzen die Butter ins Mehl einarbeiten, bis die Mischung grob krümelig ist. Mit der Küchenmaschine oder einem Handmixer die restlichen 150 ml saure Sahne 30 Sekunden lang in die Mehlmischung verrühren. Die Sahne-Eier-Mischung in drei Portionen zur Mehl-Backpulver-Mischung geben, nach jeder Zugabe jeweils 20 Sekunden verquirlen.

❸ Teig gleichmäßig in der Backform verteilen. 25 Minuten lang backen. Nach 15 Minuten die Farbe prüfen: Wenn diese zu dunkel wird, den Kuchen mit Küchenpapier abdecken und weiterbacken. Mit einem Metallspieß oder Zahnstocher den Gartest machen. 10 Minuten abkühlen lassen, dann den Kuchen auf ein Kuchengitter stürzen und vollständig auskühlen lassen. Mit Puderzucker bestäuben.

# Sunshine White Chocolate Cheesecake

Käsekuchen mit weißer Schokolade und Orangencreme

Für 1 Cheesecake,
15–16 cm ø

Orangencreme:
100 ml Orangensaft
   frisch gepresst
2 Eigelb
100 g Zucker
50 ml Zitronensaft

60 g Butter
1 Prise Salz
1½ EL abgeriebene Schale von
   1 unbehandelten Orange

25 g Mehl
20 g Stärke
25 g Zucker
¼ TL Backpulver
1 Prise Salz

1 Ei
3 EL Vollmilch
½ TL Vanilleextrakt
1 TL abgeriebene Zitronen-
   oder Orangenschale
25 g weiche Butter

Füllung:
100 g weiße Schokolade
420 g Frischkäse
60 g Zucker
1 EL abgeriebene Orangenschale
1 EL Vanilleextrakt
2 Eier

❶ **Orangencreme:** Orangensaft kochen und auf 3 EL (!) reduzieren. In einem Edelstahltopf Eigelb und Zucker verschlagen, bis die Masse dick und blassgelb ist, Zitronensaft und Orangensaft unterschlagen (keinen Aluminiumtopf verwenden, reagiert mit dem Saft und dem Eigelb). Bei geringer Hitze rühren, bis die Mischung dick wird. Nicht kochen! Die Butter, Salz und Orangenschale mit einem Schneebesen unterschlagen, auf 87 °C erhitzen. Zum Abkühlen in eine andere Schüssel geben.

❷ Ofen auf 180 °C vorheizen. Die Backform ausbuttern.

❸ **Boden:** Mehl, Stärke, Zucker, Backpulver und Salz in eine Schüssel geben. Ei, Milch, Vanilleextrakt und Orangenschale verquirlen. Weiche Butter in die Mehl-Backpulver-Mischung geben. Mit den Fingerspitzen einarbeiten, bis die Mischung grob krümelig ist. Die Ei-Milch-Mischung einrühren, bis alles vermischt ist, in die Backform verteilen.

❹ 10 Minuten backen, 15 Minuten abkühlen lassen. Dann für das Wasserbad vorbereiten: Mit zwei Bahnen Alufolie kreuzweise von außen umwickeln und abdichten. (siehe Seite 131, unten links).

❺ **Füllung:** Weiße Schokolade in einem Wasserbad schmelzen, abkühlen lassen. Frischkäse, Zucker, Orangenschale und Vanille mit einem Mixer glatt rühren. Geschmolzene Schokolade hinzufügen, weiterschlagen, bis alles verrührt ist. Ein Ei nach dem anderen einrühren. Die gesamte Füllung auf dem Biskuit-Boden verteilen.

❻ Die Backform auf ein tiefes Backblech oder in einen Bräter stellen, auf die mittlere Schiene des vorgeheizten Backofens schieben. 2 cm kochend heißes Wasser einfüllen. 45 Minuten backen. Der Kuchen wird noch etwas wackelig sein. Das ist richtig so! Die Alufolie entfernen und mit einem dünnen Messer am Rand des Kuchens entlangfahren, um ein Aufreißen zu verhindern.

❼ 2 Stunden auf einem Gitter abkühlen lassen, bis der Kuchen Zimmertemperatur hat, dann für mindestens 4-6 Stunden in den Kühlschrank stellen (stellen Sie den Kuchen auf keinen Fall sofort nach dem Backen in den Kühlschrank, sonst weicht der Boden durch!). 2 Stunden vor dem Servieren mit einer großzügigen Schicht Orangencreme bedecken (nicht bis an den Rand heran!).

# Brownie Marble Cheesecake

Brownie-Marmor-Käsekuchen

Für 1 Cheesecake, 23–24 cm ø

Schokoladensauce (ca. 200 ml, am besten am Vortag machen, damit sie richtig kalt und dickflüssig wird!):
75 ml Wasser
25 g Zucker
40 ml Zuckerrübensirup
30 g ungesüßter Kakao
20 g Zartbitterschokolade, gehackt

Boden:
200 g Zartbitterschokolade, gehackt
75 g Butter
150 g Zucker

2 Eier, leicht verschlagen
100 g Mehl
¼ TL Salz
¼ TL Natron

Füllung:
650 g Frischkäse
200 g Zucker
200 g saure Sahne
2 Eier
¼ TL Salz

❶ **Schokoladensauce:** Wasser, Zucker, Sirup und Kakao in einem Topf mit dem Schneebesen verrühren. Zum Kochen bringen. Vom Herd nehmen und die gehackte Schokolade hineinrühren, bis sie schmilzt. Abkühlen lassen und in einem luftdichten Behälter im Kühlschrank kaltstellen.

❷ **Boden:** Ofen auf 175 °C vorheizen. Springform einbuttern. Die Schokolade mit Butter und Zucker im Wasserbad schmelzen. Abkühlen lassen, die Eier hinzufügen (Achtung! Nie die Eier hinzufügen, solange die Mischung noch warm ist, sonst wird der Boden hart). Mehl, Salz und Natron verrühren und dazugeben.

❸ Den Teig gleichmäßig in der Backform verteilen. 20 Minuten backen. 30 Minuten auf einem Gitter abkühlen lassen.

❹ Nachdem die Form abgekühlt ist, für das Wasserbad vorbereiten: Mit zwei Bahnen Alufolie kreuzweise von außen umwickeln und abdichten (Seite 131, unten links).

❺ **Füllung:** Frischkäse und Zucker mit einer Küchenmaschine oder einem Handmixer verschlagen. Dann die saure Sahne und nacheinander die Eier hineinschlagen, Salz hinzufügen.

❻ Die Hälfte der Füllung über den Boden verteilen, die Hälfte der Schokoladensauce darüberträufeln, anschließend die verbliebene Füllung dazugeben. Die restliche Schokoladensauce in sechs Klecksen obenauf setzen. Mit einem dünnen, langen Stab die Mischungen vorsichtig verquirlen, so dass ein marmorierter Effekt entsteht.

❼ Die Backform auf ein tiefes Backblech oder in einen Bräter stellen, auf die mittlere Schiene des vorgeheizten Backofens schieben. 2 cm kochend heißes Wasser einfüllen. 50 Minuten backen. Der Kuchen wird noch etwas wackelig sein, wenn er aus dem Ofen kommt. Das ist richtig so! Die Alufolie entfernen und mit einem dünnen Messer am Rand des Kuchens entlangfahren, um ein Aufreißen zu verhindern.

❽ 2 Stunden auf einem Gitter abkühlen lassen, bis der Kuchen Zimmertemperatur hat, dann in den Kühlschrank stellen (mindestens 4–6 Stunden). Stellen Sie den Kuchen auf keinen Fall sofort nach dem Backen in den Kühlschrank, sonst weicht der Boden durch!

# Key Lime Cheesecake

## Käsekuchen mit Limettencreme

Für 1 Cheesecake, 23–24 cm ø

Limettencreme (Lime Curd) für Füllung und Topping (ca. 250 ml):

3 Eigelb
170 g Zucker
140 ml Saft von Limetten und Zitronen (gemischt)
90 g Butter, gewürfelt
1 Prise Salz
1 EL abgeriebene Schale von 1 unbehandelten Limette

Boden:

100 g Eierplätzchen, fein gemahlen
80 g Löffelbiskuit, fein gemahlen
20 g Puderzucker, gesiebt
1 Prise Salz
60 g zerlassene Butter

Füllung:

700 g Frischkäse
140 g Zucker
2 Eier
Saft und abgeriebene Schale von 1 unbehandelten Limette
1 Prise Salz
400 g saure Sahne
2 EL Stärke

❶ **Limettencreme:** Eigelb und Zucker mehrere Minuten lang verschlagen, bis die Masse dick und blass wird. Saft darunterschlagen und die Mischung in einen schweren Edelstahltopf mit dickem Boden umfüllen (keinen Aluminiumtopf verwenden, da der mit dem Saft und dem Eigelb reagieren würde). Bei kleiner Hitze ständig mit einem Holzlöffel rühren, bis die Creme eindickt. **Nicht** kochen, sonst gerinnt die Masse! Mit einem Schneebesen die Butter unterschlagen, dann Salz und die Limettenschale, auf 87 °C erhitzen. Vom Herd nehmen und zum Abkühlen in eine Schüssel oder in ein Glas mit Schraubverschluss umfüllen. Nach dem Abkühlen kann die Limettencreme verschlossen mehrere Wochen lang im Kühlschrank aufbewahrt werden.

❷ **Boden:** Ofen auf 180 °C vorheizen. Alle Zutaten für den Boden mischen. Die Zutaten in der Backform verteilen und gut gegen den Boden pressen. 10 Minuten backen und 15 Minuten auskühlen lassen. Nachdem die Form abgekühlt ist, für das Wasserbad vorbereiten: Mit zwei Bahnen Alufolie kreuzweise von außen umwickeln und abdichten (Seite 131, unten links).

❸ **Füllung:** Frischkäse und Zucker mit einer Küchenmaschine oder einem Handmixer verquirlen. Eier nacheinander unterschlagen. Saft, Limettenschale, Salz und saure Sahne hinzufügen, und ganz zum Schluss die Stärke unterrühren.

❹ Die Hälfte der Füllung auf dem Boden verteilen. 5–6 EL Limettencreme drauf verteilen, dann den Rest der Käsefüllung.

❺ Die Backform auf ein tiefes Backblech oder in einen Bräter stellen, auf die mittlere Schiene des vorgeheizten Backofens schieben. 2 cm kochend heißes Wasser einfüllen. 50 Minuten backen. Der Kuchen wird noch etwas wackelig sein. Das ist richtig so! Die Alufolie entfernen und mit einem dünnen Messer am Rand des Kuchens entlangfahren, um ein Aufreißen zu verhindern.

❻ 2 Stunden auf einem Gitter abkühlen lassen, bis der Kuchen Zimmertemperatur hat, dann in den Kühlschrank stellen (4–6 Stunden). Stellen Sie den Kuchen auf keinen Fall sofort nach dem Backen in den Kühlschrank, sonst weicht der Boden durch! Vor dem Servieren etwa 6 EL Limettencreme gleichmäßig auf dem Kuchen verteilen.

# Marzipan Cheesecake

Käsekuchen mit Marzipan

Für 1 Cheesecake,
26 cm ø

Boden:

30 g Mehl

30 g Stärke

½ TL Backpulver

1 Prise Salz

50 g gemahlene Mandeln

3 Eier, getrennt

70 g Zucker

60 ml Orangensaft

1 EL abgeriebene Schale von 1 unbehandelten Orange

2 EL Zucker für die Eiweiß

Füllung:
(alle Zutaten sollten Zimmertemperatur haben)

750 g Frischkäse

200 g Marzipan

150 g Zucker

4 Eier

200 g saure Sahne

1 EL Stärke

❶ **Boden:** Ofen auf 180 °C vorheizen, Backform ausbuttern. Mehl, Stärke, Backpulver, Salz und Mandeln in einer Schüssel mischen.

❷ Eigelb in einer zweiten Schüssel mit einem elektrischen Mixer auf hoher Stufe 2 Minuten lang verschlagen. Bei laufendem Mixer den Zucker einrieseln lassen, dabei immer weiterschlagen, bis sich dicke, hellgelbe Bänder bilden (etwa 5 Minuten). Dann Orangensaft und Schale hineinrühren. Mehl-Mandel-Mischung über die Masse sieben und mit einem Teigschaber einrühren.

❸ Eine Metallschüssel mit Essig und Salz auswischen. Das Eiweiß mit einer Prise Salz mit einem elektrischen Mixer auf hoher Stufe schaumig schlagen. Die restlichen 2 EL Zucker hinzufügen und weiterschlagen, bis sich steife Spitzen bilden. Etwa ein Drittel des Eiweiß zum Auflockern in den Teig rühren, dann behutsam das restliche Eiweiß unterheben. Keine Sorge, wenn ein paar weiße Flecken bleiben. Das Eiweiß sollte nicht zusammenfallen.

❹ Den Teig in die Backform geben. Backen (ca. 10 Minuten), bis die Mitte des Kuchens, wenn man leicht daraufdrückt, zurückfedert. In der Backform auf einem Rost abkühlen lassen.

❺ Nachdem die Form abgekühlt ist, für das Wasserbad vorbereiten: mit zwei Bahnen Alufolie kreuzweise von außen umwickeln und abdichten (Bild 1).

❻ **Füllung:** Den Ofen auf 180 °C vorheizen. Frischkäse, Marzipan und Zucker mit einem Handmixer glatt rühren. Die restlichen Zutaten nacheinander hinzufügen.

❼ Die Backform auf der mittleren Schiene des vorgeheizten Backofens auf ein tiefes Backblech oder in einen Bräter stellen. 2 cm kochend heißes Wasser einfüllen (Bild 2). 50 Minuten backen. Der Kuchen wird noch etwas wackelig sein. Das ist richtig so! Die Alufolie entfernen, mit einem dünnen Messer am Rand des Kuchens entlangfahren (Bild 3), um ein Aufreißen zu verhindern.

❽ 2 Stunden auf einem Gitter abkühlen lassen, bis der Kuchen Zimmertemperatur hat, dann in den Kühlschrank stellen (4–6 Stunden). Stellen Sie den Kuchen auf keinen Fall sofort nach dem Backen in den Kühlschrank, sonst weicht der Boden durch!

# Cupcakes & Whoopie Pies

Ich höre schon Ihre Frage: WAS sind denn Whoopie Pies? Whoopie Pies sind ursprünglich eine Spezialität der Amish aus Pennsylvania. Heute sind sie auf den Straßen von Manhattan total angesagt.

Es handelt sich um eine Art Kreuzung aus Kuchen und Plätzchen in der Form eines Sandwichs. Traditionell wurden sie Bauarbeitern in die Stullendose gepackt, die dann beim Auspacken »Whoopie!« gerufen haben sollen. Jetzt dürfen Sie schreien!

# Pear Spice Cupcakes

Birnen-Cupcakes mit Zimt und Ingwer

Als großer Birnen-Fan glaube ich, dass Birnen unterschätzt werden – besonders beim Backen. Sehen Sie sich zum Beispiel diese Cupcakes an. Nichts könnte mit Ingwer und buttrigem Karamell besser schmecken als eine köstliche Birne.

Für 12 Cupcakes

240 g Mehl
100 g Muscovado-Zucker
1 TL Natron
½ TL Salz
1 TL frischer Ingwer oder Ingwerpulver
½ TL Zimt

175 ml Buttermilch
175 ml Pflanzenöl
1 Ei

1 Birne, gewürfelt
60 g Rosinen

Karamell-Frosting:
90 g Butter
140 g Muscovado-Zucker
40 ml Milch
140 g Puderzucker, gesiebt
heißes Wasser nach Bedarf

❶ Ofen auf 185 °C vorheizen. Eine Muffinbackform mit Papiermanschetten auskleiden.

❷ Mehl, Zucker, Natron, Salz, Ingwer und Zimt in eine große Schüssel geben.

❸ Buttermilch, Pflanzenöl und Ei in einem Messbecher mischen. In einer kleinen Schüssel gewürfelte Birnen und Rosinen vermengen.

❹ Buttermilch-Ei-Mischung zur Mehl-Mischung geben. Nur so lange rühren, bis gerade so ein Teig zusammenkommt. Vorsichtig Birnen und Rosinen unterheben.

❺ Gleichmäßig auf die Backförmchen verteilen. 20 Minuten backen. Mit einem Metallspieß oder Zahnstocher den Gartest machen. In der Form 10 Minuten abkühlen lassen, bevor Sie die Cupcakes auf ein Gitter setzen. Vor dem Dekorieren ganz auskühlen lassen.

❻ **Karamell-Frosting:** Butter in einem Topf zerlassen. Muscovado-Zucker hinzufügen, zum Kochen bringen. Bei mittlerer Hitze 2 Minuten weiterkochen, dabei ständig rühren. Milch dazugeben und wieder aufkochen, 1 Minute ständig rühren. Auf lauwarm abkühlen lassen. Mit einer Küchenmaschine oder einem Handmixer den gesiebten Puderzucker hineinschlagen. So lange weiterschlagen, bis die Masse dick und streichfähig wird. Sollte sie zu sehr eindicken, ein wenig heißes Wasser dazugeben und bei hoher Geschwindigkeit weiterschlagen.

❼ Einen Klecks Frosting auf jedem Cupcake verstreichen (oder die Cupcakes mit dem Spritzbeutel verzieren) und genießen.

# Moccha Cupcakes

## Mokka-Cupcakes

Ich sage es nicht gern, aber diese Cupcakes sind nur für Erwachsene.
Sie sind für einen unschuldigen, kleinen Cupcake zu mondän – vollgepackt mit
verführerischem Kaffee-Schoko-Aroma und gerade süß genug, dass Sie nicht widerstehen
können und einfach ein zweites Mal zugreifen müssen. Wenn es je einen Grund gab,
sein fortgeschrittenes Alter zu feiern, dann ist es ein Mokka-Cupcake!

### Für 12 Cupcakes

- 125 ml stark gebrühter Kaffee oder Espresso
- 1½ TL Instant-Espressopulver
- 125 ml Vollmilch
- 1 TL Vanilleextrakt
- 1 Ei

- 180 g Mehl
- 40 g ungesüßter Kakao
- 1 TL Backpulver
- ½ TL Natron
- ¼ TL Salz
- 75 g Zucker
- 75 g brauner Zucker
- 125 g Butter, weich

### Espresso-Frosting:

- 1½ TL Instant-Espressopulver
- 1½ TL Vanilleextrakt
- 125 g Butter, weich
- 125 g Puderzucker

❶ Ofen auf 180 °C vorheizen. Muffinbackform mit Papiermanschetten auskleiden.

❷ Espressopulver in Kaffee oder Espresso auflösen. Milch und Vanilleextrakt dazugeben, Ei hineinschlagen. Mehl, Kakao, Backpulver, Natron, Salz, sowie weißen und braunen Zucker in einer weiteren Schüssel vermengen.

❸ Weiche Butter in die Mehl-Mischung schneiden. Mit den Fingerspitzen die Butter ins Mehl einarbeiten, bis es grob krümelig ist.

❹ Mit einem Holzlöffel oder Teigschaber die Kaffee-Milch-Mischung kurz, nicht übermäßig, unterrühren.

❺ Teig gleichmäßig auf die 12 Backförmchen verteilen. 18–20 Minuten backen. Mit einem Metallspieß oder Zahnstocher den Gartest machen. Vor dem Dekorieren vollständig abkühlen lassen.

❻ **Espresso-Frosting:** Espressopulver im Vanilleextrakt auflösen. Butter mit der Küchenmaschine oder dem Handmixer bei mittlerer Geschwindigkeit 5 Minuten schlagen. Geschwindigkeit reduzieren und nach und nach Puderzucker dazugeben. Anschließend die Crème von den Seiten der Schüssel abkratzen. Die Espresso-Vanille-Mischung hinzufügen, die Geschwindigkeit auf mittel bis hoch erhöhen und alles in etwa 3 Minuten fluffig schlagen.

❼ Einen Klecks Frosting auf jedem Cupcake verstreichen (oder die Cupcakes mit dem Spritzbeutel verzieren) und genießen.

# Fresh Pineapple Cupcakes

## Cupcakes mit frischer Ananas

Bestimmt ist Ihnen schon aufgefallen, dass weltweit das Cupcake-Fieber ausgebrochen ist. Ich bete die Kombi aus frischer Ananas (bitte, frische Ananas, das macht wirklich einen riesigen Unterschied!) und cremiger Kokosmilch geradezu an. Etwas kandierter Ingwer als i-Tüpfelchen ... und Sie haben ein elegantes, kleines Schmankerl.

### Für 12 Cupcakes

- 180 g Mehl
- 80 g Stärke
- 2½ TL Backpulver
- 160 g Zucker
- ½ TL Salz

- 125 ml Kokosmilch
- 2 Eier, leicht verschlagen
- 1 TL Vanilleextrakt

- 140 g frische Ananas, in kleine Stücke geschnitten (bitte keine Dosenware verwenden)
- 25 g Kokosraspeln zum Mehlieren der Ananas
- 30 g kandierter Ingwer, fein gehackt

- 120 g Butter, weich

### Baiser-Frosting:
- 95 ml Eiweiß (etwa 3 Eiweiß)
- 120 g Zucker
- 1 Prise Salz
- 1 TL Vanilleextrakt

❶ Ofen auf 180 °C vorheizen. Muffinbackform mit Papiermanschetten auskleiden.

❷ Mehl, Stärke, Backpulver, Zucker und Salz in einer Schüssel vermengen. Kokosmilch, Eier und Vanille in einem Messbecher verschlagen. In einer kleinen Schüssel die Ananas mit den Kokosnussraspeln bestäuben und kandierten Ingwer untermischen.

❸ Weiche Butter in die Mehl-Mischung schneiden und mit den Fingerspitzen einarbeiten, bis das Mehl grob krümelig ist. Mit einem Holzlöffel oder Teigschaber die Kokosmilch-Mischung leicht untermischen, aber nicht übermäßig rühren. Ananas-Mischung dazugeben und nur kurz mischen, bis gerade so ein Teig zusammenkommt.

❹ Teig gleichmäßig auf die Muffinförmchen verteilen. 17–19 Minuten backen. Mit einem Metallspieß oder Zahnstocher den Gartest machen.

❺ **Baiser-Frosting:** In einem Wasserbad (obere Schüssel vorher mit Essig und Salz auswischen!) Eiweiß, Zucker und Salz schaumig schlagen. 3 Minuten weiterschlagen, bis der Zucker sich aufgelöst hat, die Masse glatt ist und sich bei Berührung heiß anfühlt. Vom Herd nehmen und zum Weiterschlagen auf ein Küchentuch setzen. 5 Minuten bei hoher Geschwindigkeit schlagen, bis das Baiser kühl ist und weiche Spitzen bildet. Vanilleextrakt unterrühren. Bei mittlerer Geschwindigkeit 1–2 Minuten weiterschlagen, bis die Masse glänzt und sich steife Spitzen bilden.

❻ Wenn die Cupcakes abgekühlt sind, mit dem Frosting dekorieren. Kokosraspeln daraufgestreut sehen auch sehr hübsch aus!

# Classic Chocolate Whoopie Pies

Schokoladen-Whoopie-Pies mit Erdnusscreme-Frosting

Für 18 Whoopie Pies

230 g Mehl
80 g Kakaopulver, ungesüßt
1½ TL Natron
½ TL Salz

125 g Butter, weich
200 g Muscovado-Zucker
1 Ei
1 TL Vanilleextrakt
250 ml Milch

Erdnussbutter-Füllung:
200 g Erdnussbutter
   (ich mag die cremige
   Variante)
125 g Butter, weich
90 g Puderzucker
½ TL Salz

❶ Ofen auf 185 °C vorheizen. Backblech mit Backpapier auslegen.

❷ Mehl, Kakao, Natron und Salz in einer Schüssel mischen.

❸ Butter und Zucker in einer zweiten Schüssel mit einem Mixer bei niedriger Geschwindigkeit verschlagen, bis sie sich so eben vermischen. Auf mittlere Geschwindigkeit erhöhen und 3 Minuten schlagen. Ei und Vanille dazugeben und noch einmal 2 Minuten schlagen.

❹ Die Hälfte der Mehlmischung und die Hälfte der Milch dazugeben und bei niedriger Geschwindigkeit schlagen, bis alles vermischt ist. Mit der restlichen Mehlmischung und der restlichen Milch ebenso verfahren.

❺ Den Teig mit einem Esslöffel in jeweils 4 cm Abstand auf das Backblech platzieren. 10 Minuten backen, bis die Whoopie Pies leicht goldfarben sind und bei leichter Berührung zurückfedern. Aus dem Ofen nehmen und 5 Minuten abkühlen lassen, dann auf ein Gitter legen, damit sie vor dem Füllen vollständig auskühlen.

❻ **Erdnussbutter-Füllung:** Erdnussbutter und Butter mit einem Mixer bei niedriger Geschwindigkeit schlagen, bis die Masse cremig ist.

❼ Puderzucker und Salz hinzufügen und bei niedriger Geschwindigkeit unterschlagen, bis alles vermischt ist. Auf mittlere Geschwindigkeit hochschalten und einige Minuten lang schlagen, bis die Füllung leicht und fluffig ist.

❽ Füllung mit einem Spritzbeutel oder einem Buttermesser auf die flache Seite einer abgekühlten Whoopie-Pie-Hälfte verteilen. Die zweite Hälfte daraufsetzen und sanft andrücken. Die Whoopie Pies halten sich in Klarsichtfolie gehüllt einige Tage im Kühlschrank oder in einem luftdichten Behälter.

# Ginger Whoopie Pies with Lemon Filling

## Ingwer-Whoopie-Pies mit Zitronenfüllung

Ja, ich weiß: Bei Ingwer, Zimt, Muskat und Nelken läuten für die meisten Europäer sofort die Weihnachtsglocken. Als Amerikanerin denke ich an Carrot Cake, Pumpkin Pie oder Gingerbread – Gebäck, das ich das ganze Jahr über genieße.

Für 18 Whoopie Pies

400 g Mehl
1 TL Natron
¼ TL Salz
2 TL Ingwer, gemahlen
1 TL Zimt
¼ TL Muskatnuss, gemahlen
¼ TL Nelken, gemahlen

180 g Butter, weich
150 g Zucker
150 ml Zuckerrübensirup
1 Ei
1 TL Vanilleextrakt
200 ml Buttermilch

Füllung:
500 g Puderzucker
125 g Butter, weich
250 g Frischkäse, weich
abgeriebene Schale von
   1 unbehandelten Zitrone
Saft von ½ Zitrone

❶ Ofen auf 185 °C vorheizen. Ein Backblech mit Backpapier auslegen.

❷ Mehl, Natron, Salz, Ingwer, Zimt, Muskatnuss und Nelken in einer Schüssel vermengen.

❸ Butter, Zucker und Melasse in einer zweiten Schüssel mit einem Mixer auf niedriger Stufe verschlagen, bis alles gut vermischt ist. Ei und Vanille hinzufügen und schlagen, bis die Masse fluffig ist.

❹ Bei niedriger Geschwindigkeit abwechselnd Mehlmischung (in 3 Portionen) und Buttermilch untermischen, dabei mit dem Mehl anfangen und aufhören.

❺ Den Teig mit einem Esslöffel in jeweils 4 cm Abstand auf das Backblech platzieren. 10 Minuten backen, bis die Whoopie Pies leicht goldfarben sind und bei leichter Berührung zurückfedern. Aus dem Ofen nehmen und 5 Minuten abkühlen lassen, dann auf ein Gitter legen, damit sie vor dem Füllen vollständig auskühlen.

❻ **Zitronen-Füllung:** Puderzucker in eine Schüssel sieben, beiseitestellen. Butter mit Frischkäse und gesiebtem Puderzucker mit einer Küchenmaschine oder einem Handmixer in einer zweiten Schüssel verschlagen, bis die Masse leicht und fluffig ist (etwa 5 Minuten). Zitronenschale und -saft dazugeben und kurz weiterschlagen.

❼ Füllung mit einem Spritzbeutel oder einem Buttermesser auf die flache Seite einer abgekühlten Whoopie-Pie-Hälfte verteilen. Die zweite Hälfte daraufsetzen und sanft andrücken. Die Whoopie Pies halten sich in Klarsichtfolie gehüllt einige Tage im Kühlschrank oder in einem luftdichten Behälter.

# Lemon Whoopie Pies

Zitronen-Whoopie-Pies mit Beerenfüllung

Ein wenig raffinierter als die Schoko-Whoopie-Pies sind diese mit Zitrone. *They have a real zing to them*, heißt es in Amerika – frei übersetzt: Das sind Whoopie Pies mit Pfiff. Und wenn Sie Beeren mögen, dann geben Sie Konfitüre zur Füllung – einfach umwerfend!

### Für 18 Whoopie Pies

- 315 g Mehl
- ¾ TL Backpulver
- ¼ TL Natron
- ½ TL Salz

- 125 g Butter, weich
- 50 g Rohrohrzucker
- 50 g weißer Zucker
- 1 Ei
- 1 TL Vanilleextrakt
- abgeriebene Schale von 1 unbehandelten Zitrone
- 20 g kandierter Ingwer, fein gehackt (nach Belieben)

- 250 ml Vollmilch

### Beeren-Füllung:

- 3 Eiweiß
- 150 g Zucker
- ¼ TL Salz
- 250 g Butter, weich (ganz wichtig, sonst gerinnt die Füllung)
- 1 TL Vanilleextrakt
- 2 EL Himbeer- oder Erdbeerkonfitüre (nach Belieben)

❶ Ofen auf 180 °C vorheizen. Ein Backblech mit Backpapier auslegen.

❷ Mehl, Backpulver, Natron und Salz in einer Schüssel vermengen. Butter und beide Zuckersorten mit einem Mixer in einer zweiten Schüssel bei langsamer Geschwindigkeit verquirlen, bis alles gut vermischt ist. Dann auf mittlere Stufe hochschalten und 2 Minuten weiterschlagen. Ei, gefolgt von Vanille, Zitronenschale und nach Belieben Ingwer dazugeben. Schlagen, bis die Masse fluffig ist. Wieder auf langsame Geschwindigkeit zurückschalten und abwechselnd Mehl-Backpulver-Mischung (in drei Portionen) sowie Milch unterrühren.

❸ Den Teig mit einem Esslöffel in jeweils 4 cm Abstand auf das Backblech platzieren. 10 Minuten backen, bis die Whoopie Pies leicht goldfarben sind und bei leichter Berührung zurückfedern. Aus dem Ofen nehmen und 5 Minuten abkühlen lassen, dann auf ein Gitter legen, damit sie vor dem Füllen vollständig auskühlen.

❹ **Beeren-Füllung:** In einem Wasserbad (obere Schüssel vorher mit Essig und Salz auswischen!) Eiweiß mit Zucker und Salz mit einem Schneebesen verschlagen, bis sich der Zucker aufgelöst hat und eine Temperatur von 82 °C erreicht ist. Schüssel vom Topf nehmen.

❺ Die Eiweiß-Zucker-Mischung mit einer Küchenmaschine oder einem Handmixer weiterschlagen, bis sich das Volumen verdoppelt hat und die Masse abgekühlt ist. Auf mittlere Geschwindigkeit herunterschalten und esslöffelweise weiche Butter hinzufügen, dann Vanille und Konfitüre. Geschwindigkeit erhöhen und 1 Minute weiterschlagen.

❻ Füllung mit einem Spritzbeutel oder einem Buttermesser auf die flache Seite einer abgekühlten Whoopie-Pie-Hälfte verteilen. Die zweite Hälfte daraufsetzen und sanft andrücken. Die Whoopie Pies halten sich in Klarsichtfolie gehüllt einige Tage im Kühlschrank oder in einem luftdichten Behälter.

# Desserts

Ich mag sinnliche Desserts – Nervennahrung, bei deren Zubereitung man sich entspannt, die schön anzusehen sind und noch besser schmecken! Diese Rezepte sind moderne Versionen zuverlässiger Klassiker wie Pavlova, Milchreis und Salzkaramellpudding.

Erweitern Sie Ihr Repertoire und machen Sie sich mit diesen modernen Klassikern vertraut. Try something new and ... exciting!

# Risotto Pudding

## Risotto-Pudding

Für 6–8 Portionen

750 ml Vollmilch
100 g Arborio-Reis
2 TL Vanilleextrakt
fein abgeriebene Schale von 1 unbehandelten Zitrone
1 Lorbeerblatt (nach Belieben)
einige Zweige Zitronenthymian (nach Belieben)

200 ml Sahne
50 g Zucker
2 Eigelb
¼ TL Meersalz
eine Handvoll getrocknete Beeren, z.B. Blaubeeren, Cranberries oder Kirschen
kochendes Wasser für den Backofen

50 g Rohrohrzucker zum Karamellisieren

❶ Ofen auf 160 °C vorheizen. Milch, Reis, Vanilleextrakt, Zitronenschale, Lorbeer und Thymian in einen Topf geben. Zum Kochen bringen und unter gelegentlichem Rühren 15–20 Minuten köcheln, bis der Reis den größten Teil der Milch aufgesogen hat. Vom Herd nehmen.

❷ Sahne, Zucker, Eigelb und Salz in einer Schüssel verschlagen. Unter ständigem Rühren zu der Reismasse geben. Zum Schluss die Beeren dazugeben. Auf dem Herd unter ständigem Rühren zum Köcheln bringen. Soufflé-Förmchen (Inhalt 125 ml) auf ein tiefes Backblech stellen und mit Milchreis füllen. Rundum kochendes Wasser auf das Backblech gießen, bis die Förmchen halbhoch im Wasser stehen.

❸ Backen, bis sich die Masse fast gesetzt hat (ca. 20 Minuten). Aus dem Ofen nehmen. Temperatur auf 200 °C erhöhen. Milchreis großzügig mit Zucker bestreuen. Backblech auf der obersten Schiene zurück in den Ofen schieben und den Zucker karamellisieren lassen, das dauert etwa 5 Minuten.

❹ Wenn der Zucker karamellisiert ist, das Blech aus dem Ofen nehmen und die Förmchen auf einem Kuchengitter abkühlen lassen. Warm oder bei Zimmertemperatur servieren.

# Salted Caramel Pudding

## Salzkaramellpudding

Für 6 Portionen

3 Eigelb
750 ml Vollmilch, Zimmertemperatur (oder 500 ml Vollmilch und 250 ml Sahne)
30 g Maisstärke
150 g Zucker

45 g Butter, weich, in kleine Stückchen geschnitten
1½ TL Vanilleextrakt
½ TL Meersalz (das schmeckt im Pudding besser als normales Salz)

Deko:
geschlagene Sahne (nach Belieben)
Karamellsauce (nach Belieben)

❶ Eigelb mit 100 ml Milch verschlagen. Die Maisstärke in einer zweiten Schüssel mit 100 ml Milch glattrühren. Zucker in einen großen Edelstahltopf geben und gleichmäßig schmelzen lassen. Wenn das Karamell mittelbraun ist, Topf vom Herd nehmen.

❷ Vorsichtig die restliche Milch unterrühren. Das Karamell wird erst einmal hart, unter Rühren bei mittlerer Hitze aber wieder schmelzen, versprochen! Topfboden und Seiten mit einem hitzebeständigen Spachtel abschaben.

❸ Maisstärke-Milch-Mischung dazugeben und Pudding unter ständigem Rühren zum Köcheln bringen, bis die Masse eindickt (ca. 2 Minuten). Temperatur reduzieren.

❹ Ein Kelle des heißen Puddings in die Eigelbmischung rühren. Verschlagen und alles zurück in den Topf geben. Temperatur erhöhen, aber nicht kochen lassen! Weiterrühren, bis die Masse dick genug ist, um den Rücken des Löffels zu überziehen (etwa 2–3 Minuten).

❺ Vom Herd nehmen, Butter, Vanilleextrakt und Salz unterrühren. In 6 Schälchen oder Gläser geben. Klarsichtfolie direkt auf die Oberfläche legen, damit sich keine Haut bildet. Abkühlen lassen, dann mindestens 2 Stunden in den Kühlschrank stellen.

# Chocolate Lemon Tart

## Schoko-Zitronen-Tarte

Für 1 Tarte
rechteckige Backform,
8 x 28 cm
oder runde Backform,
20 cm ø

100 g Butter, sehr kalt
155 g Mehl
20 g Zucker
1 Prise Salz
1 Eigelb
2–3 EL Sahne, kalt

Ganache:
40 g Zartbitterschokolade,
   fein gehackt
3 EL Sahne

Zitronen-Füllung:
1 Ei
2 Eigelb
150 g Zucker
130 ml Zitronensaft

90 g Butter,
   in Würfel geschnitten
1 Prise Salz
abgeriebene Schale von
   1 unbehandelten Zitrone

❶ Für einen leichten und blättrigen Teig Butter in kleine Stücke schneiden und in das Gefrierfach legen, während Sie die anderen Zutaten vorbereiten. Mehl, Zucker und Salz in einer großen Schüssel mischen. Mit den Fingerspitzen die kalte Butter einarbeiten, bis das Ganze grob krümelig ist. Eigelb und Sahne dazugeben und mit einer Gabel mischen.

❷ Den Teig auf eine leicht bemehlte Arbeitsfläche geben und möglichst schnell zu einer Scheibe formen, damit das Fett nicht zu weich wird. In Klarsichtfolie gewickelt für etwa 2 Stunden in den Kühlschrank legen. Sie können den Teig auch mehrere Monate einfrieren.

❸ Den Boden blindbacken: Ofen auf 200 °C vorheizen. Auf einer leicht bemehlten Arbeitsfläche Teig auf 3 mm ausrollen. Nudelholz und Arbeitsfläche bemehlt halten, damit der Teig nicht kleben bleibt. Zügig arbeiten.

❹ Ausgerollten Teig in die Backform legen, an den Seiten leicht andrücken und den Überhang bis auf 5 mm abschneiden. Den Teigrand mit den Fingerspitzen wellenförmig formen. Seiten und Boden mit einer Gabel einstechen. Alufolie auf den Teig legen und mit trockenen Hülsenfrüchten beschweren. Dies verhindert, dass der Teig beim Backen schrumpft oder sich aufbläht. 10 Minuten backen, dann Alufolie und die Hülsenfrüchte entfernen, weitere 8 Minuten backen. Auf einem Gitter auskühlen lassen.

❺ **Ganache:** Gehackte Schokolade in eine Schüssel geben. Kochende Sahne darübergießen. Mit einem Schneebesen glattrühren, bis sich die Schokolade aufgelöst hat. Über dem Boden verteilen, kaltstellen.

❻ **Zitronen-Füllung:** Ei, Eigelb und Zucker in einem Edelstahltopf miteinander verschlagen, bis die Masse cremig und blass wird. Zitronensaft unterschlagen. Eigelb-Zucker-Zitronensaft-Mischung bei niedriger Hitze unter ständigem Rühren mit einem Holzlöffel oder Teigschaber erwärmen, bis sie bei einer Temperatur von 87° C eindickt. Die Masse darf **auf gar keinen Fall** kochen, sonst gerinnt sie. Ohne abzusetzen Butter mit einem Schneebesen Stück für Stück unterschlagen, gefolgt von Salz und Zitronenschale.

❼ 5 Minuten abkühlen lassen, ehe die Füllung auf die Schokoladentarte gegossen wird. Vor dem Servieren einige Stunden kalt stellen.

# Chocolate Pear Dessert Cake

## Schoko-Birnen-Kuchen

Für 1 Kuchen,
23–24 cm ø

15 g Butter, weiche

Karamell:
200 g Zucker
60 ml Wasser
1 feste, aber reife Birne, geschält, entkernt und in 12 Scheiben geschnitten

Teig:
60 g Butter
120 g Zartbitterschokolade, gehackt

140 g Mehl
35 g ungesüßter Kakao
¾ TL Natron
½ TL Salz

125 g Zucker
2 Eier
1 TL Vanilleextrakt
125 ml Buttermilch

❶ Backform ausbuttern und in Alufolie wickeln, um sie abzudichten.

❷ **Karamell:** Zucker und Wasser in einen schweren Topf mit einem dicht abschließenden Deckel geben und rühren, bis der Zucker sich aufgelöst hat. Mischung zum Kochen bringen, zudecken und 2 Minuten kochen. Das Zudecken ist wichtig, weil der Dampf die Seiten des Topfes benetzt, womit verhindert wird, dass sich daran Zuckerkristalle festsetzen. Deckel abnehmen und weiterkochen, sanft und langsam, dabei den Topf, wenn nötig, schwenken, damit sich das Karamell gleichmäßig bildet, bis es eine dunkle Bernsteinfarbe hat.

❸ Das Karamell vorsichtig in die vorbereitete Backform geben und aushärten lassen. Birnenscheiben auf dem Karamell im Kreis am Rand entlang arrangieren.

❹ **Teig:** Ofen auf 180 °C vorheizen. Butter und Schokolade in einem kleinen Topf bei niedriger Hitze unter gelegentlichem Rühren erwärmen. Wenn die Schokolade gerade zu schmelzen beginnt, vom Feuer nehmen. Es wird noch genug Wärme vorhanden sein, um sie zu schmelzen.

❺ Mehl, Kakao, Natron und Salz in einer Schüssel vermengen.

❻ Geschmolzene Schokolade und Zucker in einer zweiten Schüssel auf hoher Stufe 3 Minuten schlagen, bis die Masse hell und fluffig ist. Die Eier nacheinander hineinschlagen, dabei nach jedem Ei die Masse von den Seiten der Schüssel kratzen. Zum Schluss Vanilleextrakt hinzugeben. Mehl in drei Portionen, Buttermilch in zwei Portionen hinzufügen, dabei mit dem Mehl anfangen und aufhören.

❼ Teig über die Birnen geben und 35–40 Minuten backen, bis der Kuchen bei leichter Berührung zurückfedert. Auf einem Gitter 10 Minuten auskühlen lassen, dann auf eine Platte stürzen. Lassen Sie die Backform noch 5 Minuten auf dem Kuchen, manchmal löst sich dann der Kuchen besser aus der Form.

❽ Den Kuchen warm servieren, getoppt mit etwas Schlagsahne oder Vanilleeis.

# Pavlova with Mixed Berries

Pavlova mit gemischten Beeren

Dies ist eins jener einfach zuzubereitenden Desserts, die wirklich traumhaft schmecken. Ich verwende meist übrig gebliebenes, eingefrorenes Eiweiß.
Das Baiser braucht ein bisschen Zeit, aber das liegt daran, dass es langsam trocknen muss, damit es schneeweiß bleibt. Ich mag es, wenn es in der Mitte noch ein wenig weich ist, ein bisschen wie Marshmallows, eine himmlische Wolke – enjoy!

Für 8–10 Portionen

Baiser:
250 ml Eiweiß (von 8–10 Eiern), Zimmertemperatur
¼ TL Salz
375 g feinster Zucker
20 g Maisstärke
1 El Apfelessig

ca. 750 g gemischte Johannisbeeren, frisch oder aufgetaut und abgetropft
60 g Zucker (oder nach Geschmack)
400 ml Sahne, kalt
3 EL saure Sahne (nach Belieben)

❶ Ofen auf 120 °C vorheizen und zwei Backbleche mit Backpapier auslegen. Große Rührschüssel und Rührbesen mit Essig und Salz aus- bzw. abwischen. Dies stabilisiert das Eiweiß und stellt sicher, dass kein Fett an den Gerätschaften ist, damit das Eiweiß nicht zusammenfällt.

❷ Mit einem Handmixer das Eiweiß schaumig schlagen. Salz dazugeben und weiterschlagen, bis sich weiche Spitzen bilden. 200 g Zucker hineinschlagen und weiterschlagen, bis die Masse steife, glänzende Spitzen bildet. Restliche 175 g Zucker und Maisstärke mischen. In das Baiser schlagen, gefolgt vom Apfelessig.

❸ Je 4–5 Baiser auf jedes Backblech setzen. Im oberen bzw. unteren Drittel des Ofens backen, dabei nach der Hälfte der Backzeit die beiden Bleche vertauschen, bis das Baiser außen knusprig, innen aber noch weich ist (1–1¼ Stunden). Wenn das Baiser nach 1¼ Stunden immer noch nicht knusprig ist, den Ofen abschalten und das Baiser 1 Stunde darin ruhen lassen. Zum Abkühlen vom Backblech auf ein Gitter setzen.

❹ Direkt vor dem Servieren die Beeren im Zucker mehrfach wenden und 10 Minuten ziehen lassen, bis der Zucker sich ganz aufgelöst hat.

❺ Die kalte Sahne mit etwas saurer Sahne, falls gewünscht, steif schlagen. Mit dem Rücken eines Löffels leicht auf das Baiser klopfen, um Einbuchtungen zu schaffen, die dann mit der geschlagenen Sahne und den Beeren gefüllt werden.

# REGISTER

**Amerikanische Rezeptnamen**

**A**lmond Orange Cake 123
Any Kind of Pie with Streusel Topping 95
Apple Cinnamon Coffee Cake 48
Apple Oatmeal Pancakes 34
Apple Pie Variations 96

**B**agels, Bread & 52-73
Baguette 54-57
Bircher Müsli Muffins 16
Blueberry Banana Muffins 14
Blueberry Cornmeal Pancakes 35
Blueberry Lemon Coffee Cake 42
Bread & Bagels 52-73
Brownie Marble Cheesecake 127
Brownies, Cookies & 78-87
Buns 62
Buttermilk Biscuits 29
Buttermilk Nut Waffles 37

**C**akes & Cheesecakes 110-131
Cheesecakes, Cakes & 110-131
Cherry Almond Coffee Cake 45
Chocolate Cake with Raspberry
  Ganache 117
Chocolate Chip Cookies 80
Chocolate Fudge Cake 112
Chocolate Lemon Tarte 150
Chocolate Orange Muffins 17
Chocolate Pear Dessert Cake 153
Cinnamon Raisin Bagels 66
Classic Baking Powder Biscuits 24
Classic Chocolate Whoopie Pies 141
Coconut Cream Meringue Pie 108f.
Coffee Cake with Cinnamon & Walnuts 44

Coffee Cakes 40-49
Cookies & Brownies 78-87
Corn Dogs 19
Cornmeal Waffles with Fruity Sauce 38
Cream Cheese Biscuits 30
Crisp 102
Cupcakes & Whoopie Pies 132-145
Cyn's New Classic Brownies 86

**D**anish 73
Date & Bacon Scones 27
Dried Cranberry Streusel Muffins 15

**F**resh Pineapple Cupcakes 138
Fruit Cobbler 103
Fruit Frangipane Tarte 105

**G**eorge Washington Muffins 21
Ginger Whoopie Pies with Lemon Filling 142

**I**ndividual Pecan Sticky Buns 69

**K**ey Lime Cheesecake 128

**L**emon Whoopie Pies 145

**M**acaroons 85
Marble Cake 118
Marzipan Cheesecake 130
Mississippi Mud Pie 106f.
Mixed Fruit Crostata 98
Moccha Cupcakes 136
Monkey Bread 70
Muffins 12-21

**O**atmeal Cookies with Chocolate 81

Pain au Raisin 74
Pavlova with Mixed Berries 154
Pea, Goat Cheese & Herb Muffins 20
Pear or Apple Coffee Cake with Honey Glaze 47
Pear Spice Cupcakes 135
Pancakes, Waffles & 32-39
Pecan Pie 92
Pies 88-109

Raspberry Cheesecake Brownies 89
Ricotta Lemon Pancakes 36
Risotto Pudding 148
Rolls, The Holy Grail of 61
Rye Bread 5

Salted Caramel Pudding 149
Savory Crostata 101
Scones with Apricots 28
Scones & Biscuits 22-31
Sunshine White Chocolate Cheesecake 12

Vanilla 11

Waffles & Pancakes 32-39
White Cake with Swiss Meringue Buttercream 115
White Chocolate Cake with Maple Buttercream 120
White Chocolate Chip Cookies 82
Whole Wheat Bagels 65
Whoopie Pies, Cupcakes & 132-145

## Deutsche Rezeptnamen

Amerikanische Brötchen 62
Amerikanische Scones 24
Amerikanische Scones mit Buttermilch 29

Apfel-Haferflocken-Pfannkuchen 34
Apfel-Zimt-Coffee-Cake 48
Apple Pie, Variationen vom 96

Bagels, Brot und 52-73
Bagels, Zimt-Rosinen- 66
Baguette 54-57
Bircher-Müsli-Muffins 16
Birnen- oder Apfelkuchen mit Honigglasur 47
Birnen-Cupcakes mit Zimt und Ingwer 135
Blaubeer-Bananen-Muffins 14
Blaubeer-Polenta-Pfannkuchen 35
Blaubeer-Zitronen-Coffee-Cake 42
Brot und Bagels 52-73
Brötchen, die perfekten 61
Brownie-Marmor-Käsekuchen 127
Brownies, Cookies und 78-87
Brownies, klassische 86
Brownies mit Himbeeren und Frischkäse 89
Buttermilch-Nuss-Waffeln 37

Cakes und Cheesecakes 110-131
Cheesecakes, Cakes und 110-131
Coffee Cake mit Zimt und Walnüssen 44
Coffee Cakes 40-49
Cookies & Brownies 78-87
Cookies mit Haferflocken, Schokolade und Kirschen 81
Cookies mit Schokolade 80
Cookies mit weißer Schokolade und Macadamianüssen 82
Crostata, herzhafte 101
Crostata mit gemischtem Obst 98
Cupcakes und Whoopie Pies 132-145
Cupcakes mit frischer Ananas 138

Gebäck, Herzhaftes, mit Frischkäse und Kräutern 31
Gedeckter Obstauflauf 103
Gugelhupf, »Monkey«- 70

**H**erzhafte Crostata 101
Herzhaftes Gebäck mit Frischkäse und
   Kräutern 30

**I**ngwer-Whoopie-Pies mit Zitronenfüllung 142

**K**äsekuchen mit Limettencreme 128
Käsekuchen mit Marzipan 130
Käsekuchen mit weißer Schokolade und
   Orangencreme 124
Kirsch-Mandel-Coffee-Cake 45
Kirsch-Polenta-Muffins 21
Klassische Brownies 86
Kokoscreme-Pie mit Baiser 108f.
Kokos-Makronen 85

**M**akronen, Kokos- 85
Mandel-Orangen-Kuchen 123
Marmorkuchen 118
Mini-Corndogs mit Mais und Käse 19
Mokka-Cupcakes 136
Muffins 12-21

**O**bstauflauf, gedeckter 103
Obsttarte mit Mandelcreme 105

**P**ancakes, Waffeln und 32-39
Pavlova mit gemischten Beeren 154
Pekan-Karamell-Schnecken 69
Pfannkuchen, Apfel-Haferflocken- 34
Pfannkuchen, Ricotta-Zitronen- 36
Pie mit Pekannüssen 92
Pie mit Streuseln 95
Pies 88-109
Plunder, Dänischer 73
Polenta-Waffeln mit fruchtiger Sauce 38

**R**icotta-Zitronen-Pfannkuchen 36
Risotto-Pudding 148
Roggenbrot 58

Rosinenschnecken 74

**S**alzkaramellpudding 149
Schnecken, Pekan mit Karamell- 69
Schoko-Birnen-Kuchen 153
Schokokuchen mit Himbeer-Ganache 117
Schokoladen, Creme-Torte 112
Schokoladen-Torte aus Mississippi 106f.
Schokoladen-Whoopie-Pies mit
   Erdnusscreme-Frosting 141
Schokolade-Orangen-Muffins 17
Schoko-Zitronen-Tarte 150
Schokoladenkuchen, weißer, mit
   Ahornsirup-Buttercreme 120
Scones, Amerikanische 24
Scones, Amerikanische, mit Buttermilch 29
Scones mit Aprikosen 28
Scones mit Datteln und Speck 27
Scones und Biscuits 22-31
Streuselkuchen ohne Boden 102
Streuselmuffins mit getrockneten
   Cranberries, Pekannüssen, Ingwer
   und Orange 15

**V**anille-Biskuit mit Baiser-Buttercreme 115
Vanilleextrakt 11
Variationen vom Apple Pie 96
Vollkornbagel 65

**W**affeln und Pancakes 32-39
Waffeln, Buttermilch-Nuss- 37
Weißer Schokoladenkuchen mit
   Ahornsirup-Buttercreme 120
Whoopie Pies, Cupcakes und 132-145

**Z**iegenkäsemuffins mit Erbsen und
   Kräutern 20
Zimt-Rosinen-Bagels 66
Zitronen-Whoopie-Pies mit Beerenfüllung 145

## DANKE

Jedes Mal wenn ich ein neues Buch schreibe, ist es wie eine Geburt. Der Prozess ist sehr komplex, eine Kombination von Träumen, Erinnerungen und einfach harter Arbeit in der Küche. Als erstes möchte ich mich bei meiner lieben Familie bedanken, die mich Monate lang der Küche geliehen hat, damit ich dieses Buch schreiben konnte. Eure Liebe, Geduld und Unterstützung ermöglichen meine Ideen. Ich freue mich so sehr, wieder mit Herrn zu Kueingdorf zu arbeiten. Unser Motto: Das Bessere ist der Feind des Guten. OH, ouch!

Diane Dittmer ist die ultimative Foodstylistin, der ich voll und ganz mit meinen Ideen vertraue. Herzlichen Dank auch an Meike Stüber, deren Auswahl an Requisiten meine Rezepte wunderbar zur Geltung gebracht haben. Es ist mein viertes Buch mit der Fotografin Maja Smend. Ich bin (wie bei jedem meiner Bücher) so begeistert von ihrem kreativen und technischen Einsatz. Für die Bereicherung meiner Ideen und die Zusammenarbeit bin ich sehr dankbar. Es ist auch mein viertes Buch mit Lisa Shoemaker – danke für meine deutsche Stimme. Danke an Jackie Hardt und ihr Team für ihre Fotos.

Ich danke dem Mosaik Verlag, Moni König, Cornelia Hanke, Janne Lemke, Ina Hochbach, ohne euch und euren Glauben an mich wäre das Ganze nicht machbar. Und wie immer, last but not least, möchte ich meine treue pelzige Freundin, Lemony the Cat, erwähnen. Thank you!

Mehr von CYNTHIA BARCOMI:

BACKBUCH – Muffins, Cookies, Bagels & Co.: die besten Rezepte, die garantiert gelingen. Von den klassischen Chocolate Chip Cookies bis zum legendären Carrot Cake: süße Leckereien und deftige Köstlichkeiten aus Cynthia Barcomis Backstube.

KOCHBUCH FÜR FESTE – Feiern Sie mit! Perfekte Menüvorschläge und tolle Rezeptideen für verschiedene Anlässe: Ob für 2 oder 50 Gäste, für Geburtstag, Picknick, Silvesterparty oder ein romantisches Dinner zu zweit – alles ist einfach nachzukochen, so dass auch die Gastgeber entspannt mitfeiern können.

BACKEN – Was ihre vielen Fans an Cynthia Barcomis Rezepten lieben: Sie gelingen immer und schmecken jeden Tag, nicht nur sonntags oder zum Geburtstag. Muffins, Cookies, leckere Brote und Pies, Torten für besondere Anlässe.

www.cynthiabarcomi.com

ISBN 978-3-442-39118-9

ISBN 978-3-442-39150-9

ISBN 978-3-442-39160-8